JN150604

サッチャリズム前夜の〈民衆的個人主義〉

Popular Individualism on the Eve of Thatcherism
Between the Welfare State and Neoliberalism

サッチャリズム前夜の〈民衆的個人主義〉

福祉国家と新自由主義のはざまで

長谷川貴彦 編

〈執筆〉
長谷川貴彦
岩下 誠
梅垣千尋
市橋秀夫
尹慧瑛
浜井祐三子
小関 隆

岩 波 書 店

目　次

序章 一九七〇年代の民衆的個人主義

長谷川貴彦

はじめに

これまで戦後イギリス史を語る際には、ひとつの「常識」があった。戦後政治のコンセンサスであった「ゆりかごから墓場まで」をスローガンとする福祉国家が「英国病」とも言われた経済的衰退をもたらし、それを打開したのがマーガレット・サッチャーによる新自由主義的改革であったというものである。こうした歴史の語りは、サッチャーによって提出され、のちにトニー・ブレアによって強化されていくことになるが、その後三〇年にわたるイギリスの政治的言説のなかに強固に組み込まれてきた。しかし近年、この新自由主義の「成功物語」には、いくつかの疑問符が付けられるようになっている。

ひとつは、イギリスはそもそも「衰退」していたかというものである。近年の研究は、ひとえに「衰退」のイデオロギー的構築性を強調しており、それは経済的な実態ではなくて「衰退主義」という政治的言説の効果にすぎないとされる。もうひとつは、新自由主義は果たして「成功」だったのかということである。二〇〇八年のリーマン・ショック以降、新自由主義の「成功物語」は説得力を失いつつあり、むしろ現在の緊縮政策がもたらす社会的危機の起点となったのが、サッチャリズムの新自由主義的政策ではなかったのかと指弾されている。アメリカにおけるトランプ政権の成立、イギリスにおけるＥＵ離脱をめぐる国民投票の結果は、実感として存在してきた「失敗」を裏書きするものとなっている。

本書は、かかる問題意識を踏まえて、戦後イギリス史の分水嶺を形成する一九七〇年代の状況を「下から」のアプローチによって明らかにしようとする。戦後史の研究は、同時代の史料公開が進むなかで本格的な歴史研究も試みられており、そこでは経済の構造変化に加えて社会や文化の変容と絡めて一九七〇年代を評価する傾向が強く、本書においては「民衆的個人主義」(popular individualism)をキー概念に検討をおこなう。それは、戦後福祉国家のなかで自己決定権を高めてきた民衆レベルの個人主義であり、その一部がサッチャリズムによってネオリベラル的個人主義へと転轍（てんてつ）されていったという問題意識に基づく。具体的には、福祉や教育、ジェンダーとセクシュアリティ、移民と多文化主義、宗教とモラリズムなどの領域をとりあげて、一九七〇年代という転換期のアモルファスな社会意識の形態をオーラル・ヒストリーやエゴ・ドキュメントなどの民衆的アーカイヴズを活用することにより明らかにしていく。

以下では、まず新自由主義の「成功物語」を生み出してきた戦後史のナラティヴを検証し、新自由主義が歴史研究の対象となるにつれて、その革命の成功に疑問符が付けられるようになってきていることを研究史のなかで検証する。次いで、戦後史の再検討のなかでも大きな焦点となってきている一九七〇年代に関する研究の動向、とりわけ本書の一九七〇年代解釈にとって枢要な位置を占める「民衆的個人主義」概念についての検討を加え、その歴史学的意義を明らかにしてゆくことにする。そして最後に、本書を構成する各章の内容を若干紹介したあとに、本書全体の歴史学的な射程について明らかにしていきたい。

一、戦後史の再検討

戦後史のナラティヴ

通説では、戦後イギリス史は三つの時期に区分される。第一に戦後体制のなかでの社会民主主義の勝利の時代であり、第二に一九七〇年代の政治的・経済的に危機の時代となり、そして最後に新自由主義の勝利の段階となる。これは、近年のイギリス史の通史の中でも踏襲されており、たとえば、セリーナ・トッドは、『ザ・ピープル』のなかで戦後史の転換点を一九七〇年代のＩＭＦ(国際通貨基金)危機(一九七六年)やサッチャーの選挙での勝利(一九七九年)が戦後史の転換点をなしたという。[1] ジェームズ・ヴァーノンの通史『現代イギリス史』[2]も一九七六年を転換点に設定しており、その後の諸研究のなかで踏襲されている。この時代区分に付随する「社会民主主義的コンセンサス」、「衰退」、「新自由主義革命」などが、主として保守党政治家によって新自由主義の「成功物語」に流し込まれていったのである。

この「成功物語」は、二つの要素から構成されている。ひとつは、戦後社会民主主義、福祉国家、ケインズ主義の「失敗」であり、その論理的帰結が、「英国病」や「ヨーロッパの瀕死の病人」という言葉で表現される英国の「衰退」となる。もうひとつが、新自由主義の「成功」であり、個人の自由を基礎において、市場主義に基づく民営化や株式保有の拡大などの政策をもって景気循環から解放された持続的な経済成長を成し遂げていったというものである。しかし、この二つの物語は、ブレグジット(Brexit)後の歴史認識のなかで疑念の目が向けられるようになっている。以下では、まずイギリス衰退論争を、次に最近になって進展の著しい新自由主義に関する歴史研究の成果を検討して、それらが根本的なところで実証的にも理論的にも批判にさらされていることを明らかにする。

「衰退」論の検証

「衰退」論は、一九五〇年代から一九九〇年代まで論争の主題となってきた。[3] その論争の様相は時代ごとに変化して、四つの型にまとめることができる。[4] 一九五〇年代に登場した衰退論には、二つのタイプがあり、その後も繰り返し登場することになった。ひとつは、衰退の原因を労働組合に求めるものであり、労働者の態度や勤勉性を成長率に結びつけることで、産業の衰退を説明しようとした。もうひとつは、衰退の原因をイギリスと海外の関係に求めるものである。国際投資や金融サーヴィス業と関わりをもつ支配層のあいだにはポンドの価値に対する異常な執着が生み出され、その結果として国内投資の水準を引き下げて低成長を招いたとする。

その後、一九七〇年代に目立つようになったのは、公共部門の拡大に原因があるとする説であり、そこには、国有化というかたちでの公共部門の拡大を問題視する見解と、公共支出、とりわけ社会保障支出の拡大というかたちでの公共部門の拡大を問題視する見解の双方が含まれた。他方で、イギリスには「反産業的文化」が染みついているという文化論的解釈も登場した。それは、「未完のブルジョワ革命」が貴族的価値を温存させたとするものから、パブリック・スクールの教育などを通じて上流階級エリートが「反産業的文化」に染まっていたとするものなど幅広い。これらは衰退論を煽るという目的のもとサッチャー主義者によって取り上げられ、一九八〇年代に一躍脚光を浴びることになった。

経済史家のジム・トムリンソンによれば、戦後のイギリス経済はまぎれも無い「黄金時代」を経験していたのであり、あくまでも衰退は欧米や日本との比較のなかで表出されてくる成長率の相対劣位を意味していること、「衰退」と呼べる不況を経験したのはオイルショックによる世界同時不況が原因であったことを指摘している。

たしかに、ヨーロッパ諸国や日本と比較すれば、成長率の劣位は否定しがたいものがある。しかし、それはイギリスに比べて低水準から出発した国（日本・ドイツ）との比較であり、そこでの成長率の比較はイギリスが相対的に不利なものとなっている。それではなぜ、衰退論が繰り返し論争の主題となってきたのであろうか。トムリンソンによれば、衰退論は、二大政党制のもとで政敵を攻撃する手段として誇張をともなって用いられてきたのであり、政治的コンテクストに適合した言説と見なさなければならないという。(5)

近年のトムリンソンはさらに進んで、イギリスが経験していたのは「衰退」ではなく「脱産業化」であるとの認識を示して、戦後史の新たなメタナラティヴを構築しつつある。すなわち、イギリスは最も早い産業化を経験したことによって、最も早い脱産業化に突入することになったというのである。一九五〇年代に始まる製造業から金融やサーヴィスへの経済の重心の変化は、相対的に見れば産業の「衰退」として現象していった。成長か衰退かという不毛な論争に代わって、脱産業化にともなう雇用関係の変化が、低賃金や雇用の不安定性、社会保障や公的部門の再編などの事態を説明するうえでより適合的な認識枠組みだとする。いずれにしても、トムリンソンは「衰退」ではなくイデオロギー的に構築された「衰退主義」(declinism)がイギリスの経済的実態を見るうえで阻害要因となってきたというのである。(6)

「新自由主義（ネオリベラリズム）」の検証

最近刊行された『ネオリベラルな時代？　一九七〇年代以降のイギリス』（二〇二一年）(7)は、新自由主義の時代の歴史学的検証とサッチャリズムの歴史的位置について興味深い論点を提出している。それは、以下の三つのアプローチからおこなわれている。(8)

第一に、政治史的・思想史的アプローチである。新自由主義の思想的起源は、戦間期の自由主義の危機の時代に社会主義やファシズムなどの計画経済化の傾向への批判として展開され、そこには、オルド自由主義、オーストリア学派、シカゴ学派などの系譜が含まれていて、一九四七年には「モンペルラン協会」に思想的に結集していった。そして、一九七〇年代の危機への対応として政策研究団体を設立し、国際的運動として展開した。しかし、このアプローチは、思想家や団体などの政治的主体を重視するというエリート主義に陥っており、社会や経済の構造変化を無視するという欠陥をもっていた。

第二に、経済史的なアプローチによるもので、長期的な構造変化に着目して資本主義の一形態としての新自由主義が論じられている。新自由主義は製造業の衰退と金融資本主義への傾斜を決定的な特徴とするが、その直接的な起源は一九七〇年代の黄金時代(経済成長)の終了にともなう危機への対応策として登場したが、長期的には脱植民地化の過程にあるとされる。事実、第二次世界大戦後の植民地解放闘争の過程で旧宗主国の資産の多くがスイスやバミューダ諸島などのオフショア市場に流れ込み、戦後のユーロダラー市場とともに金融資本主義の投機的資金の源泉を提供していったという。このアプローチは、長期的かつグローバルな構造分析において卓越性を示すが、人間の行為主体性を無視している、また意思決定の過程を捨象しているとの批判もある。

第三は、社会文化史的アプローチである。それは、古典的自由主義の時代と現在を比較分析するミシェル・フーコーの権力研究に起源をもっている。「統治性」をキーワードとして、企業家精神や自己責任の倫理の価値観が、自由な主体に強制されることで、内面化されて稼動するメカニズムを解明しようとしている。このアプローチは、新自由主義の思想の形成過程を主観性に着目することによってミクロな現象から分析し、制度や慣習として定着する過程を描き出している。政治思想や経済構造による決定論を排除しつつ、日常的コミュニケーションのなかでの生活過程から分析する点で卓越したものとなる。実際のところ、新自由主義の専売特許とされてきた個人主義も、長期的には第二次世界大戦後の福祉国家に起源をもつ民衆的個人主義、そしてネオリベラル的個人主義との相互作用から形成されたとする。

こうした歴史的検証を通じて、新自由主義の歴史的位置についてデヴィド・エジャトンが興味深い考察をおこなっている。近著『イギリス国民の盛衰』(二〇一八年)[9]において、エジャトンは通説にしたがい一九四五年から一九七五年の時期を社会民主主義の時代として定義している。それは社会経済政策の観点からいえば、ケインズ主義や福祉国家の時代であったとされる。しかし、エジャトンは、この時代のイギリス経済が国民的(ナショナル)な性格を色濃くもっていたことに注目する。イギリスは、一九世紀の産業革命によって「世界の工場」となって以来、関税政策や通商政策などは覇権国としての世界経済の位置によって大きく規定されてきた。この戦後の一時期は、国民経済の統制に成功してきた例外的な時期とされており、一九七〇年代以降は再びグローバル化のなかで優先順位が変わっていった。国民への富の再分配などの側面においては、この例外的な時期こそがまさに「黄金時代」であったというのである。

「衰退」論との関連でいえば、エジャトンは「衰退主義」論の立場に立つが、新自由主義の成功か失敗かという命題に対して興味深い史実認識を提出している。サッチャー政権下のグローバル化の成功には、食料やエネルギーの自給率の上昇などに見られる国家主導の国民経済の構築が、それらの輸出国としてグローバル経済に参入していく前提として存在していたことがあげられる。また民営化政策の前提にはストックとしての公共資本の存在が不可欠であったが、とりわけ公営住宅の売却による持ち家政策は戦後福祉国家の遺産に立脚したものであった。さらに言えば、一九七〇年代の寛容なる福祉国家の諸政策が、サッチャー政権下の失業の増大に対して社会不安の防波堤となる包括的なセイフティネットを提供していった。戦後の経済政策ないしは福祉国家の「成功」が、新自由主義やグローバル化の諸前提となっていたのであり、むしろサッチャリズムはそれに寄生していたというのである[10]。

二、一九七〇年代論

総論

同時代のなかでの一九七〇年代イギリスのイメージは陰鬱なものであった。帝国の盟主たる地位からの転落とヨーロッパ共同体(EC)への加盟、石油危機によるインフレと失業の加速、IMFからの借款、人種間の対立や北アイルランドの紛争、繰り返されるストライキ、パンク音楽やフーリガンなどの「無軌道な文化」の噴出といった具合である。こうしたイメージは、その後三〇年にわたる政治的言説のなかに強固に組み込まれてきた。マーガレット・サッチャーにとっては戦後福祉国家の行き詰まりを象徴するものであったし、トニー・ブレアにとってては回帰してはならない「ストライキと重税の党」という労働党のイメージを彷彿とさせるものだった。一九七〇年代のすべてが、「ヨーロッパの瀕死の病人」としてのイギリスの「衰退」を象徴するものとなり、「衰退主義」の言説の枠組みで解釈されてきた。

だが近年、一九七〇年代に対して根本的な歴史像の再検討が進められており、「危機や混乱の時代」というイメージに対する反証が提示されるようになっている。最近の研究によれば、世界レベルではもっとも富の集積が進んだ時代でもあるし、イギリスに限定しても、シンクタンク「新経済財団」の調査によれば、一九五〇年以降で最良の経済的・社会的指標を示していたのが一九七六年であったという。完全雇用と平等化に基づく豊かな民衆の文化が開花し、民衆が自己決定権と自己実現を追求していった時代であったというのである。それならば、なぜにかくも否定的な評価が生まれてきたのであろうか。こうした問題を本格的に照射することになったのが、ローレンス・ブラック、ヒュー・ペンバートン、パット・セインらの編による『一九七〇年代を再評価する』(二〇一三年)[11]である。

ブラックやセインらは、一九七〇年代を「思想の自由市場」の時代、すなわち多様な選択肢や発想が噴出した時代として位置づける。経済政策でいえば、正統的なケインズ主義から離脱して、ニューレフトの公有化と計画化による社会主義強化路線からニューライトの市場原理主義までと幅広い。この背景としてはコンセンサス政治が動揺してイデオロギー的分極化が進行したことが大きいが、そこでは新自由主義を通俗化させ普及させたサミュエル・ブリタンの役割、「失われた選択肢」としてのスチュアート・ホランドの「代替的経済戦略」が検討されており、社会的には女性解放(ウーマンリブ)運動の果たした役割が強調されている。

だが、ブラックやセインらの考察は、こうした分極化や多様性が進行した原因を文化史的な観点からさらに掘り下げている点が特徴的である。つまり戦後イギリス人に知的教養を提供してきたペンギン・ブックスの営業・編集方針の交代に着目し、古典重視から急進政治や時論的書物への偏りとそれへの反動としての新自由主義的傾向の書物の販売など、戦後福祉国家を支えてきた知のあり方が商業主義と新保守主義によって蚕食されていく過程を再構成しようとしている[12]。次に、大衆的なタブロイド紙を通じた表象やイメージの構築が検討されるが、メディアが特定の集団を問題化して、その脅威を煽り、危機を誇張して「モラル・パニック」を醸成する点に着目している。総じて、一九七〇年代の表象・文化に対する構築主義的分析が試みられていると言ってよかろう。

民衆的個人主義

〈1 概念〉

歴史家のフロレンス・サトクリフ＝ブレイスウェイトは、戦後史を社会的階層秩序に基づく「恭順」(Deference)関係の長期的衰退として捉え、「民衆的個人主義」と呼ばれる傾向の登場に注目している[13]。この民衆的個人主義は福祉国家に起源をもち、直接的には一九六〇年代の世俗化の進行ならびに「許容する社会」(「寛容なる社会」)での若者に対する諸政策に由来する。教会や国家による伝統的な道徳や日常生活の規範に対する規制力が弱まるなかで、その間隙を縫うかのように新たな主体が形成されていった。個人主義化と反エスタブリッシュメント志向の平等化は、一九八〇年代には一部が市場の自由・選択の自由を強調するネオリベラル的個人主義に回収されていくことになるが、一貫してイギリス社会の底流として存在しつづけて多様な可能性を内包していたのであり、サッチャリズムは戦後史の必然的な帰結ではなく偶然の産物だったという。[14]

イギリスにおける個人主義の系譜は、ヴィクトリア時代に起源をもち、世紀初頭のブルームズベリー・グループなどによって洗練されていった中産階級知識人の個人主義、また熟練労働者層(労働貴族!)を担い手とする個人主義など多様なるものであった。これが戦後の福祉国家と経済発展によって生み出された「豊かな労働者」(affluent workers)を担い手とする個人主義が加わることになる。[15] 民衆的個人主義は、担い手の深化と拡大という意味においては通俗化されているが、通俗性という意味では、社会的上昇の指向性をもつメリトクラシー、持ち家志向の資産所有者民主主義という側面をうちに含んでおり、社会意識としてはアモルファスであった。[16]

民衆的個人主義は、それまでの個人主義の系譜とは異なり、福祉国家の所産という意味で特定の歴史的段階における特徴を帯び、その倫理的規範を継承している。ひとつは、平等化への志向性である。戦後の福祉国家体制は平等の理念を掲げて登場してきたが、ジェンダー、階級、人種などの側面において平等主義が不十分な点があり、それを徹底化しようとするものであった。もうひとつは、反エスタブリッシュメントへの志向性であり、一九七〇年代には「普通であること」(ordinariness)が政治的言語として本格的に登場してくるが、それは福祉国家のもつ官僚主義的・エリート主義的体質を批判するものとして機能していた。そして、最後に集団主義的傾向であり、民衆的個人主義は、個人の解放を目指すものであるが、それは集団性に依拠した民衆政治を抜きにしては達成できないということが認識されていた。[17] 一九七〇年代には民衆的個人主義とネオリベラル的個人主義など矛盾を孕んだ複数の潮流が、相互作用と交渉を通じて歴史的に再編されて変容していくことになる。

〈②方法論的特質〉

歴史的概念としての民衆的個人主義は、以下のような方法論的特質をもっている。

第一に、戦後史をひとつの全体として捉える包括性をもっている。まず民衆的個人主義とは、戦後福祉国家の諸政策に起源をもち、それは「豊かな社会」のなかで物質的基盤が整えられると、「文化革命」の許容・寛容政策によって推進され、一九七〇年代に満面開花の状況を迎え、その後も社会の底流に存続し、間歇的に表出されることになったという点で、戦後史の構造変動を連続的に捉える概念として優位性をもつ。また民衆的個人主義は、持ち家や消費スタイルなどの物質的側面に加えて、自己決定を重んじる主体性や政治文化のスタイルとしても論じられ、政治・経済や社会・文化を含んだ包括的な現象としても特徴づけることができる。

第二に、民衆的個人主義にアプローチする際には、独特の史料が有効性を発揮する。民衆的個人主義は、一九七〇年代の底流で生じた社会変化に焦点を合わせるものであり、それは徹頭徹尾「下からの歴史」という性格をもっている。そこでは、人びとの感情や記憶など「主観性」「主体性」の領域が分析の対象となるが、近年この主観性に接近する史料群としてエゴ・ドキュメントが注目されている。それは、「一人称」で書かれた史料を示す歴史用語であり、具体的には、書簡・手紙、日記、旅行記、回想録、自叙伝などが含まれている。戦後史のなかでは、オーラル・ヒストリーや社会調査のインタヴューなども主観性の記録として重要視されている[18]。

第三に、比較史の契機を内包している。エリック・ホブズボームが論じるように、戦後の復興の時代から一九六〇年代・七〇年代にかけては人類史上稀に見る「黄金時代」であり、社会的階層移動と生活水準の上昇など巨大な社会構造の転換が世界の各国で見られた時代となった[19]。実際のところ、戦後福祉国家体制下でのメリトクラシーによる社会的上昇という「神話」に対する実証的研究[20]、また一九六〇―七〇年代の青年急進派・ニューレフトの研究が活性化しつつある。そこでは世代特有の「自己」の形成や主観性の分析にまで立ち入った探究がおこなわれている[21]。民衆的個人主義は、強力な社会民主主義(福祉国家)、早期の脱産業化、世界帝国の脱植民地化などのイギリス的特質をまといながら登場してきた戦後社会のひとつの趨勢となる。

三、民衆的個人主義の諸相――本書の構成

民衆的アーカイヴズ

本書は、一九七〇年代のイギリスを民衆的個人主義概念に基づいて分析を試みようとするものである。しかし、民衆的個人主義の表出のされ方は、かなり多様なものとなる。そこで、まず民衆的個人主義にアプローチするために利用されている史料について一瞥しておこう。本書でいう「民衆的アーカイヴズ」とは、「コミュニティ・アーカイヴズ」と呼ばれることもあり、マイノリティや社会運動の参加者についての史料を指し、そのなかにはデジタル・アーカイヴ化されたものも少なくない。事実、女性史・フェミニズム史、LGBT史、黒人史、移民史、貧困史、社会運動史などの「下からの歴史」では、エゴ・ドキュメントやオーラル・ヒストリーといった史料を用いて、かつては失われた「声」を復元することに取り組んできた。こうした史料収集や編纂の過程は、パブリック・ヒストリーのひとつの実践として見なすこともできる[22]。

イギリスにおける現代史の史料の公開には、長らく三〇年原則というものがあったが、二〇一三年の法改正によって二〇年へと短縮された。イギリスの公文書館では公文書に限定されない庶民の歴史に関連した史料を収集するようになり、地域社会レベルで史料・史跡の保存活動が活発化してきている。英国では二〇一四年に地域レ

ベルでの史料の保存・編纂活動をおこなう「コミュニティ・アーカイヴズ」に関する全国団体(Community Archive and Heritage Management)が設立されるなど組織化・ネットワーク化が進展し、それにともなってアーカイヴ学の進展も著しいものとなっている。こうした史料の蓄積は研究の可能性を広げ、またデジタルな史料は歴史博物館や史跡の展示のかたちを変えているといわれ、歴史家たちは集合的な記憶のプロジェクトに積極的に関与するようになっている。[23]

イギリスでは、「歴史の仕事場」運動のなかにおいてオーラル・ヒストリーを用いた民衆史研究の長い伝統があるが、そうした運動のなかで蓄積された史料が公文書館や大学図書館の所蔵に移行しつつある。たとえば、ロンドン・メトロポリタン図書館では、アイルランド人移民のオーラル・ヒストリーをデジタル化したコレクション「イギリスのアイルランド人」(*the Archive of the Irish in Britain*)が構築されている。また地方都市レスターの移民に対するオーラル・ヒストリーを実践した佐藤清隆の労作なども際立っている。[24]さらに地域の壁を超えて全国レベルでアーカイヴが構築されており、英国図書館編の女性解放運動史に関する「シスターフッドとその後」(*Sisterhood and After*)および、より一般的な「全国ライフストーリー収録」(*National Life Stories Collection*)などが名高いものとなっている。

福祉と教育

第1章と**第2章**は、戦後福祉国家の基軸となる教育と福祉の領域において発生した新たな問題を取り扱っており、一九七〇年代が戦後史の転換点であったことを明らかにする。他方で、この二つの章は、それらをロンドンという都市の文脈で検証しようとするものである。このテーマをめぐっては、近年、歴史家ジョン・デイヴィスが『夜明けのウォータールー』(二〇二二年)[25]でロンドンの社会構造の変化を論じているが、脱産業化やジェントリフィケーション(高級化)といったサッチャリズム前夜の社会変容を描こうとする点で、本書と問題意識を共有している。デイヴィスによれば、自営業的な性格を帯びた労働者であるロンドンのタクシー運転手こそが、民衆的個人主義を代表する集団とされる。

第1章は、一九六〇年代後半以降インナーシティ問題に対応するかたちで登場してくるコミュニティ・アクションに焦点を当て、その具体的様相を明らかにしていく。ここでは、ロンドンのノッティングヒル地区で展開された住宅問題改善運動を対象とし、その中心的な活動家であったジャン・オマリーの思想と実践をオーラル・ヒストリーやエゴ・ドキュメントなどの史料を用いて分析する。ノッティングヒルでは、インナーシティ問題への対処をめぐって既存のヴォランタリー団体との緊張関係をもちながら、より急進的な解決策としてのコミュニティ・アクションの団体が設立されるが、両者の対立がどのような種類の政治的対立であったのかが検証される。

第2章は、「進歩主義教育の行き過ぎが、経済衰退・教育の荒廃を招き、新自由主義教育改革が導入された」という通俗的ナラティヴを再検証する作業の一環として、「一九七〇年代の教育の荒廃」の象徴として言及されてきた、ウィリアム・ティンデール校事件(一九七五年)を取り上げ、歴史的な検証を加える。ウィリアム・ティンデール校事件では、とりわけ教師と対立していた学校理事たちの言動の分析を通じて、理事会と教員集団との対立がニューレフトと専門職志向の中産階級との対立として描かれている。この対立も都市社会の変容が背景にあり、その決着が後の新自由主義改革をどのように準備したのかについて論じられる。

ジェンダーとセクシュアリティ

都市化や産業化として表出される近代化は、世俗化や脱宗教化をもたらしたのか。一九世紀の産業革命と市民革命の時代には、不安定化する社会秩序を再建する基盤として家族に焦点が当てられ、家族は宗教生活の基礎単位として福音主義者によって再構築されていった。むしろ世俗化や脱宗教化にとって決定的だったのは、一九六〇年代以降の第二波フェミニズム運動が与えた決定的な影響であった。それは、女性の社会的地位だけではなく、宗教生活の基盤として家族のあり方に甚大なる変化をもたらしたとされる。この「脱キリスト教化」テーゼは、戦後イギリス社会の特質をとらえる視座として有効性をもっているが[26]、福祉国家体制のもとでの社会構造の変化は、家父長制をめぐる家族や性規範の変化を促進していくことになる。

集団主義から個人主義への移行期における民衆的個人主義の特質は、ジェンダーとセクシュアリティの領域で典型的に現れる。**第3章**が明らかにするのは、世代論的にみれば、ウーマンリブ運動の担い手であった女性たちは、「一九四〇年代生まれ」という独特な世代に属するが、同世代のなかでみた場合の彼女たちの「特殊性」とは、家庭から切り離された「個人」からなる「オルタナティヴな女性コミュニティ」を求めた点にあったことにある。このウーマンリブ運動の分析においては、自立した女性としての意識を覚醒しながら、家父長的な家族に変容を迫り、自律的な個人を析出していった過程が、主要な活動家たちのライフ・ヒストリーをもとに明らかとされるであろう。

家父長主義的な家族の変容は、性規範をめぐっても変容を迫り、多様なるかたちでのLGBTQの運動が展開されていった。**第4章**は、一九六〇年代の「許容する社会」のもとでの同性愛者への防衛的な権利承認運動とは異なり、一九七〇年代初頭には当事者による行動力と表現力に富んだカウンターカルチャーとして「ゲイ解放戦線」(GLF)の運動が展開したことを論じる。ゲイ解放戦線では、一九七〇年代半ば以降には自助的な諸活動の展開ならびに持続的な当事者活動組織の確立がみられたが、それらがサッチャー的な個人主義――強欲的なものであれ禁欲的なものであれ――とは距離をおいた民衆的個人主義を基盤にした社会運動の一事例としてとらえられることを、オーラル・ヒストリーの史料に基づきながら明らかにする。

移民と多文化主義

最近のイギリスでは「脱植民地化」をめぐる議論が盛んである。「脱植民地化」とは一般に戦後の第三世界での植民地解放闘争による新興独立国家の誕生を指してきたが、現在では別の意味をもち始めている。つまり、かつてのポストコロニアル論をより政治的問題とリンクさせながら発展させ、歴史認識や意識のレベルでの植民地主義からの解放が主張されている。たとえば、戦後イギリス史のメタナラティヴが「人種を刻印する」(Marking Race)というスローガンによって再考されており[27]、ブラック・ライヴズ・マター(Black Lives Matter)運動の隆盛への応答のかたちで「黒人の視点から考える」(Thinking Black)という視点を全面に掲げている。その代表的論者であるロブ・ウォーターズの同名の著作では、都市部において独特の文化をもった黒人コミュニティが形成されていったこと、それらは警察内部にある制度的な人種差別と緊張関係にあったことなどが指摘されている[28]。

移民は主として社会的上昇の機会の獲得を動機としており、一九世紀以来イギリス帝国内では人の移動が流出(emigration)というかたちで活発化していたが、戦後の移民は本国への流入(immigration)というかたちをとって可視化されることになった。**第5章**では、一九七〇年代の北アイルランドの「危機」それ自体が公民権運動に刺激された民衆的個人主義の表出であったこと、そしてアイルランドからイギリス都市部への移動がもたらした個人の変容について論じる。とりわけ戦後最大の移民先であり、一九七四年のIRA暫定派によるパブ爆破事件が大きな影を落としたバーミンガムにおいて、「不可視化」と「可視化」の暴力にさらされる在英アイリッシュの存在に着目していく。

近年の研究は、「第三の道」以降の多文化主義の起源が、一九七〇年代の黒人の急進主義と企業家精神に求められ、一九八〇年代初頭の都市暴動に対処するなかサッチャー政権下で再編されていったことを指摘している。

そこでの個人主義は、一九六〇年代、七〇年代のニューレフト的な人種関係をめぐる法的機構によって促進されたとする。[29] **第6章**は、一九六八年人種関係法の規定に基づいてダンスホール／ディスコで人種差別を受けたとする訴えへの対処の内実を、人種関係協議会およびその下にあった地方の調停委員会の記録によって明らかにする。個人主義やメリトクラシーによる差別の解消を要求する際も人種という集団の力学に依拠せざるを得なかった、一九七〇年代の人種関係政治の特質を浮かび上がらせることになろう。

宗教とモラリズム

一九七〇年代には、民衆的個人主義が全面開花の状況を迎える。自己実現と自己表現を希求する民衆的個人主義は、女性解放運動、ＬＧＢＴの運動などの先鋭的な運動を展開していった。他方で、ポルノグラフィなど性的表現をめぐってモラルの堕落を見て取ったメアリ・ホワイトハウスは、その原因を一九六〇年代に進行した「脱キリスト教化」に求めて宗教的見地から社会秩序の再建を模索する。既存の支配的な価値観が遠心分離を起こすように動揺していくなかで、タブロイド紙などの大衆メディアを中心にそれらを「逸脱」現象として「モラル・パニック」を構築して、支配的価値の再強化を図ろうとする文化闘争が仕掛けられたのである。**終章**で論じられる「許容」の風潮の顕在化とそれへの反動としてのメアリ・ホワイトハウスのモラリズムの勃興は、そのひとつの現れであった。

「モラル・パニック」という言葉の起源は、スタンリー・コーエンの若者文化に関する社会学的分析のなかに見てとることができる。[30] それは、メディアが特定の集団を問題化して、その脅威を煽り、危機を誇張して醸成するというものである。コーエンの仕事は、一九六〇年代初頭から出現してくるモッズやロッカーと呼ばれる若者の街頭文化に焦点を当てたものだったが、一九七〇年代の諸現象への対応を分析する際にも、この概念が用いられていった。「モラル・パニック」は、社会の多様化のなかで権威を喪失した伝統的エリートの不安、また帝国の喪失と経済の相対的衰退による国民の不安を表出していたのであり、かつて保持していた国民の有機的共同体へのノスタルジアと結合されていたというのである。

危機感を覚える保守層は、伝統的モラルの守護者としてホワイトハウスを利用し、それは政治的領域においてサッチャーと接合された。サッチャーは「コモンセンス」や「普通であること」を繰り返し強調して一種のポピュリズムである脱階級政治への転轍を試み、国民・家族・法と秩序などといった伝統的な保守主義(トーリー主義)のヴォキャブラリーを動員して、一九七〇年代の急進主義的政治文化に対抗しようとした。一九七九年総選挙での保守党のマニフェストは示唆的であり、まず民衆的個人主義の土台から減税(選択の自由)、持ち家政策(資産所有者民主主義)をといった新自由主義的要素を切り出して、これにバックラッシュとしてのキリスト教のモラリズムを結びつけていったスチュアート・ホールのいうところの「権威主義的ポピュリズム」たるサッチャリズムがその全容を明らかにしてくるのである(31)。

おわりに

ブレグジット後のイギリスは曲がり角を迎えており、それは過去の問い直しとなって現れてきている。歴史認識の面では、かつて衰退論がイデオロギー的虚構であるとして退けられ、新自由主義も福祉国家の遺産のうえに成立する寄生体であることが強調されている。さまざまな新自由主義の「成功物語」を検討していくと、虚偽意識の起源が一九七〇年代にあったことに気づかされる。過去の再審は、まさに一九七〇年代を焦点として進行しており、「成功物語」に代わるメタナラティヴとして「脱産業化」や「脱植民地化」などの物語が提出されている。そのなかでも本書で取り扱う「民衆的個人主義」は、福祉国家から新自由主義へという戦後史の長期的な構造変化を「下から」捉える概念として注目されている。

この民衆的個人主義の台頭は、政治の領域においても大きな変化を促してきた。すでに一九五六年には「核兵器廃絶運動」(CND)が登場していたが、一九六〇年代後半以降、労働運動では組合幹部に対して草の根的な職場委員会の権力が増大して「山猫スト」が頻発し、またジェンダー、人種、セクシュアリティ、環境問題などをめぐって新たな社会運動が登場すると、かつての集団主義的な階級意識は減退してくる。一九五〇年代のニューレフトの誕生、一九六〇年代後半の産業民主主義を掲げるトニー・ベンら労働党左派の試み、のちのブレア労働党の「第三の道」路線は、そうした社会変化に対応して活動的な市民を取り込もうとする政治プロジェクトであった。個人主義化と平等化を基調とする戦後史の底流のなかから、新たなかたちでボトムアップ型の政治スタイルを追求するプロジェクト(最近ではコービン主義など)が登場してくることになる。(32)

これに対して、サッチャーは民衆的個人主義も共有する要素である「普通であること」を強調して、市場と選択の自由を唱えるネオリベラルな個人主義へと転轍を図る一方で、宗教やモラリズムを軸として一九七〇年代の民衆的個人主義のもつ政治的急進主義への批判を展開していった。しかし他方で、民衆的個人主義の内部にも新自由主義との親和性をもつ要素が存在していた。たとえば、差別・排除された集団に特有に見られる自己責任的心性、また中産階級専門職のメリトクラシーへの志向性は、ゲイコミュニティや移民社会のなかで顕著に見られ、性、階級、人種、民族を横断して広く社会に浸透していった。一九七〇年代において福祉国家から新自由主義へと「反転」していく社会の底流には、民衆的個人主義をめぐって複雑な歴史的過程が存在しているのである。

(1)　セリーナ・トッド『ザ・ピープル――イギリス労働者階級の盛衰』近藤康裕訳、みすず書房、二〇一六年。

(2) James Vernon, *Modern Britain: 1750 to the Present*, Cambridge University Press, 2017.

(3) R・イングリッシュ＆M・ケニー編著『経済衰退の歴史学――イギリス衰退論争の諸相』川北稔監訳、ミネルヴァ書房、二〇〇八年。

(4) キャスリーン・バーク編『オックスフォード ブリテン諸島の歴史11 二〇世紀――一九四五年以後』西沢保ほか訳、慶應義塾大学出版会、二〇一四年。

(5) Jim Tomlinson, *The Politics of Decline: Understanding Postwar Britain*, Routledge, 2000: —, *Managing the Economy, Managing the People: Narratives of Economic Life in Britain from Beveridge to Brexit*, Oxford: Oxford University Press, 2017.

(6) Jim Tomlinson, "De-industrialization Not Decline: A New Meta-narrative for Post-war British History", *Twentieth Century British History*, vol. 27, no. 1, 2016.

(7) Florence Sutcliffe-Braithwaite, Aled Davies and Ben Jackson (eds.), *The Neoliberal Age?: Britain since the 1970s*, London: UCL Press, 2021.

(8) Florence Sutcliffe-Braithwaite, Aled Davies and Ben Jackson, "Introduction: a Neoliberal Age?", *The Neoliberal Age?*

(9) David Edgerton, *The Rise and Fall of the British Nation: A Twentieth-Century History*, London: Allen Lane, 2018.

(10) David Edgerton, "What came between New Liberalism and Neoliberalism? Rethinking Keynesianism, the welfare state and social democracy", *The Neoliberal Age?*

(11) Lawrence Black, Hugh Pemberton and Pat Thane (eds.), *Reassessing 1970s Britain*, Manchester University Press, 2013.

(12) Peter Mayer, "Penguin Books in the long-1970s: a company not a sacred institution": Dean Blackburn, "Penguin Books and the 'market place for ideas'", *Reassessing 1970s Britain*.

(13) Florence Sutcliffe-Braithwaite, *Class, Politics, and the Decline of Deference in England, 1968–2000*, Oxford University Press, 2018.

(14) Florence Sutcliffe-Braithwaite et al., "Telling Stories about Post-war Britain: Popular Individualism and the 'Crisis' of the 1970s", *Twentieth Century British History*, vol. 28, no. 2, 2017.

(15) この意味で、「豊かな社会」をめぐるローレンス・ブラックらの研究が、「民衆的個人主義」論を導出する前提となっている。Lawrence Black, *The Political Culture of the Left in Affluent Britain, 1951–64: Old Labour, New Britain?*, Palgrave Macmillan, 2003; Lawrence Black and Hugh Pemberton (eds.), *An Affluent Society? Britain's Post-War 'Golden Age' Revisited*, Gower, 2004.

(16) 「社会意識の不定形性」については、G・ステッドマン・ジョーンズ「なぜ労働党は混乱しているか?」『階級という言語――イングランド労働者階級の政治社会史一八三二―一九八二年』(長谷川貴彦訳、刀水書房、二〇一〇年)を参照。

(17) 「普通であること」や「集団主義傾向」が発現した形態として一九八四—八五年の炭坑ストライキの「保守的急進主義」に対する研究も進展している(Florence Sutcliffe-Braithwaite and Natalie Thomlinson, *Women and the Miners' Strike, 1984–1985*, Oxford University Press, 2023; 熊沢誠『イギリス炭鉱ストライキの群像——新自由主義と闘う労働運動のレジェンド』旬報社、二〇二三年)。欧米諸国では「脱産業化」にともない「置き去り」にされた「白人労働者階級」が「排外主義」に糾合され権威主義的政治が台頭し、「中産階級リベラル」との対立を深めている。この「文化戦争」を背景とする政治的危機を打開する手段として、普通の人びとに理解可能な政治的言語を発明ないしは使用する必要があると主張するジョン・ローレンスなどによって、「普通であること」の現代政治における重要性が喚起されている(Jon Lawrence, "Labour and the Culture Wars of Modern Politics", *The Political Quarterly*, vol. 91, no. 1, 2020)。

(18) 長谷川貴彦編『エゴ・ドキュメントの歴史学』岩波書店、二〇二〇年、Penny Summerfield, *Histories of the Self: Personal Narratives and Historical Practice*, Routledge, 2018; Jon Lawrence, "'On Historians' Re-Use of Social-Science Archives'", *Twentieth Century British History*, vol. 33, no. 3, 2022.

(19) エリック・ホブズボーム『二〇世紀の歴史——両極端の時代』下巻、大井由紀訳、ちくま学芸文庫、二〇一八年。

(20) Peter Mandler, *The Crisis of the Meritocracy: Britain's Transition to Mass Education since the Second World War*, Oxford: Oxford University Press, 2020; Selina Todd, *Snakes and Ladders: The great British social mobility myth*, Chatto & Windus, 2021.［セリーナ・トッド『蛇と梯子——イギリス社会的流動性の神話』近藤康裕訳、みすず書房、二〇二二年］

(21) Terence Renaud, *New Lefts: The Making of a Radical Tradition*, Princeton University Press, 2021; Joachim Häberlen, *The Emotional Politics of the Alternative Left: West Germany, 1968–1984*, Cambridge University Press, 2018; Quinn Slobodian, "Germany's 1968 and Its Enemies", *The American Historical Review*, vol. 123, no. 3, 2018.

(22) Hannah J. M. Ishmael and Rob Waters, "Archive Review: The Black Cultural Archives, Brixton", *Twentieth Century British History*, vol. 28, no. 3, 2017; Richard Dunley and Jo Pugh, "Do Archive Catalogues Make History?: Exploring Interactions between Historians and Archives", *Twentieth Century British History*, vol. 32 no. 4, 2021; パブリック・ヒストリーについては、James B. Gardner, *The Oxford Handbook of Public History*, Oxford University Press, 2017; 日本語では、菅豊・北條勝貴編『パブリック・ヒストリー入門』(勉誠出版、二〇一九年)、リン・ハント『なぜ歴史を学ぶのか』(長谷川貴彦訳、岩波書店、二〇一九年)第一章など。

(23) Andrew Flinn and Jeannette A. Bastian, *Community Archives, Community Spaces: Heritage, Memory and Identity*, Cambridge: Cambridge University Press, 2018.

(24) 佐藤清隆編著 *Memory and Narrative Series*, 12 vols., 刀水書房(英語)、二〇一〇—二〇年。

(25) John Davis, *Waterloo Sunrise: London from the Sixties to Thatcher*, Princeton, NJ: Princeton University Press, 2022.

(26) Callum G. Brown, *The Death of Christian Britain: Understanding Secularisation 1800–2000*, London: Routledge, 2001; Sarah F. Browne, "Women, Religion, and the Turn to Feminism: Experiences of Women's Liberation Activists in Britain in the Seventies", *The Sixties and Beyond: Dechristianization in North America and Western Europe, 1945–2000*, Toronto: University of Toronto Press, 2012.

(27) Erik Linstrum et al., "Decolonizing Britain: An Exchange", *Twentieth Century British History*, vol. 33, no. 2, 2022; Marc Matera et al., "Marking Race: Empire, Social Democracy, Deindustrialization", *Twentieth Century British History*, vol. 34, no. 3, 2023.

(28) Rob Waters, *Thinking Black: Britain, 1964–1985*, Oakland: University of California Press, 2019.

(29) Camilla Schofield, Florence Sutcliffe-Braithwaite and Rob Waters, "'The privatisation of the struggle': Anti-racism in the age of enterprise", *The Neoliberal Age?*

(30) Stanley Cohen, *Folk Devils and Moral Panics*, London: Mac Gibbon and Kee, 1972.

(31) Stuart Hall, *The Hard Road to Renewal: Thatcherism and the Crisis of the Left*, London: Verso 1988, p 127.

(32) Florence Sutcliffe-Braithwaite, "Discourses of 'class' in Britain in 'New Times'", *Contemporary British History*, vol. 31, no. 4, 2017.

第1章 コミュニティ・アクションの源流
――ノッティングヒルのジャン・オマリー、一九六八―七五年

長谷川貴彦

はじめに

本稿は、一九六〇年代末から一九七〇年代初頭にかけてロンドンのノッティングヒル地区で展開したコミュニティ・アクションを事例として、一九七〇年代の「民衆的個人主義」の歴史的特質を把握しようとする。コミュニティ・アクションとは、一九六〇年代から一九八〇年代にかけて都市部の社会活動に関する組織や方法を総称するもので、運動の争点となったのは、公営住宅、公園、史跡保存、公共交通、保育施設、成人教育など多岐にわたっている。参加者たちは、雑誌『コミュニティ・アクション』を発行して情報交換をおこない、当時台頭しつつあったフェミニズムや環境保護などの新しい社会運動と共鳴しながら活動を展開していった。この運動における同時代の「偶像」であったピーター・ヘインは、著書『コミュニティ政治』（一九七六年）で次のように述べている。

昨今、新聞を開けば、何らかの地域社会の争点に関して人びとが立ち上がっていることを耳にすることになろう。都市計画、住宅問題、交通渋滞、児童公園、環境破壊など、地域社会に影響を与える問題である。こ

うした活動の拡大の影響は、新たな様式の政治活動の登場のシグナルであり、正統的な政党政治への対案である。コミュニティ・アクションは、地方自治体に異議を申し立て、弱き人に新たな希望を約束する。(1)

戦後福祉国家においては、専門家指導によって公共サーヴィスが提供され、消費者・受給者の視点が欠落していることが難点であった。しかし、ケインズ主義的経済運営のもとでの「豊かな社会」の実現によって、大衆消費社会のなかでの消費者意識が覚醒し、社会的階層秩序に弛緩が生じる。一九六〇年代の「文化革命」と呼ばれる異議申し立ての時代をへて、エリート指導に対する疑問が発生し、また市民の権利意識が先鋭化してきた。こうした民衆的個人主義の成長のなかで、インナーシティ問題に直面した地域では、「コミュニティ・アクション」と呼ばれる地域住民による問題解決のための主体的活動の領域が形成されていったのである。(2)

本稿の対象となるノッティングヒルは、ロンドン西部に位置するインナーシティ問題を抱えていた地域となる。(3)「インナーシティ」は、戦後住宅政策の失敗、移民の増加、経済的衰退などの複合的な要因が絡まり合って発生し、かつ社会調査活動によって「新しい貧困」として可視化されることになった。(4) ノッティングヒルでは、一九五八年に大規模な人種暴動を経験することになるが、その背後にはインナーシティ問題が存在しているとされ、早急なコミュニティの「再建」が求められていたのである。こうしてノッティングヒルでは、さまざまなコミュニティ・アクションが展開されることになるが、それを指導したのは若い世代の活動家たちであった。

ジャン・オマリー(Jan O'Malley)は、ノッティングヒルでコミュニティ・アクションの中心的存在として活躍した。その活動の記録をまとめて一九七七年に刊行された『コミュニティ・アクションの政治』(5)は、この地域の躍動的な運動の全容を伝えてくれている。いわば、活動のエゴ・ドキュメントとも言えるこの回想録的な書物に加えて、二〇一一年に労働組合評議会(Trade Union Council：TUC)とのあいだでおこなわれたインタヴュー(オーラル・ヒストリー)(6)、そしてケンジントン中央図書館・地方史部に所蔵されているオマリー関係の文書などをもとに、(7)

オマリーの思想と実践の特質を析出することが本稿の課題となる。オマリーの言説の検討を通じて、ロンドン西部で展開した民衆的個人主義の不定形な存在形態をあきらかにし、さらにコミュニティ・アクションに内在したサッチャリズムとの親和性を見出すことも課題として設定したい。

一、ノッティングヒル

社会経済構造

「ノッティングヒル」とはノースケンジントン地区の別称であり、東西はケンサル・ロードからウェストボーン・グローヴ、南北はブラムリ・ロードからチェップストー・ロードに囲まれた地域をさしている。一九世紀前半までは、農地が目立つ地域であったが、一九世紀末頃から労働者階級の住宅地としての発展が始まる。これを推進した要因は、ロンドン中心からの労働者の「立ち退き」(eviction)現象で、これによって一〇万人の労働者が中心部から移動したと言われている。この中心部からの「立ち退き」は、鉄道の開通によってさらに促進されたが、鉄道建設に多くの労働者が必要となったために、恒常的に騒音と汚濁をともなう地域として存在し続けた。他方で、ロンドン中心部を避けて郊外に居住しようとする上流・中産階級などの富裕階層も居を構えることになった(8)。

この「立ち退き」現象は、広くロンドンでの産業立地の移動、つまり「脱産業化」の一環として生じたものであるが、戦後のノースケンジントン地区は顕著なかたちでの「脱産業化」を経験していた。一九六六年の統計調査によれば、一九五一年から一九六六年にかけて地域内の製造業人口は、三分の一へと激減していた。こうした「脱産業化」は大ロンドン行政管区(Greater London Council)全域で見られた現象であったが、ケンジントン地区では最も劇的に製造業の衰退が見られ、その割合がロンドンでも最低水準となっていた。地域内の労働力人口の三万六〇〇〇人のうち三〇%が製造業に従事する肉体労働者であり、残りの七〇%がサーヴィス産業に従事していた。ここでのサーヴィス労働とは、主要産業である不動産業や金融などの会社にサーヴィスを提供する業務であり、その意味で住民たちは職場でも居住地域でも金融資本の利害に深く組み込まれていたといえよう。[9]

ノッティングヒル地区は、一九六〇年代にはもうひとつの社会的移動の波を経験していた。移民の増加にともない人種や民族の多様性が増していたのである。戦後の移民のなかで多数を占める西インド諸島からの移住者は、最も特徴的な存在となっていた。他方で、土着のイングランド人の家族もいれば、第二、第三世代となるアイルランド人移民もこの地域に流入していた。年齢層では、若い世代の流入が顕著であり、青年層がノッティングヒル地区に独特の躍動感を与えていくことになる。それらは、国内では地方から、また海外からは、留学や学術研究、就業機会を求めてロンドンにやってきたものが含まれていた。[10] このような発展の歴史的特異性によって社会的に多様性をもって構成されていたのである。

政治構造

このノッティングヒル地区は、行政管区としてはケンジントン・アンド・チェルシー行政区域(Royal Brough of Kensington and Chelsea)に属している。それは、一八九九年の地方自治体法によって設置されたもので、一九〇〇年以来のこの地方自治体の支配的な雰囲気はサウスケンジントンという富裕層の地域の利害、つまりは土地所有者(地主)、証券業者や実業界の利害を反映したものとなった。地方自治体の議会もこうした階級的構造を反映して、不動産所有者たる家主・地主層の存在を支持基盤とする保守党が多数を占めることになった。他方で、ノッティングヒルが位置するノースケンジントン地区は労働者階級の集住する地域であり、いわば行政管区内部に

「南北問題」ともいえる階級文化を異にする地域が共存していたことになる。(11)

地元の労働党も独特の性格をもっていた。地方労働党は、ノースケンジントン地区において一定の影響力をもち、地方議会において議席を獲得して、多数派を占める保守党と対峙することになった。しかし、国政選挙になると労働党はノースケンジントン地区において庶民院の議席を保持するという逆説的現象が生まれていた。このことによって、地方労働党支部の政治活動が選挙活動に特化していく傾向が生み出されることになった。つまり、労働党が強固な地域、たとえば、公営住宅を抱える地域でのみ、しかも選挙期間中にだけ政治活動がおこなわれるといった状況にあった。当時は「(労働党の)庶民院議員ジョージ・ロジャースは選挙の最終盤にしか現れない」といった批判も提出されている。地方労働党は、ますます選挙区民から遊離した存在となり、新たな政治的支持基盤を拡大していくことができなかった。

さらに地元の労働党支部は、労働者階級の利害を表出する唯一の団体たろうとして、競合する団体に対しては、徹頭徹尾、否定的な態度をとった。たとえば、住宅問題や食糧価格、平和をめぐる運動などは労働党の支持者たちを惹きつけるものであったが、運動の構成員にほかの政党、とりわけ共産党員を発見した場合には活動家を引き揚げるなどの行動をとった。こうしたなかで、労働党の活動の中心はケースワーク活動にそそがれていった。この種の活動は、労働党内部のフェビアン協会に起源をもつものであったが、少数の地方自治体議員と国会議員が率先して、法律相談、住宅問題、社会問題に対して助言をおこない、関係諸機関との媒介役を果たしていたのである。いずれにしても、動態的に展開する地域社会の新たな状況に直面した労働党は、それらの利害を表出する政治機構としては不十分な役割しか果たせない状況にあった。(12)

社会問題——住宅危機

ケンジントンの地方自治体は、議会を支配する多数派の保守党の利害を表出するものであり、「自治体行政は、地方不動産税の消費者であり、公共サーヴィスの提供主体ではなかった」[13]。すなわち、財政支出を削減して税負担の軽減化を図ることが主眼となったのである。住宅政策の領域では、保守党の支持基盤となっていた地主(家主)層の利害を保持して、住宅供給を民間の経済活動に委ねるというものであり、徹底的に不介入主義の原則を保持することであった。実際、ケンジントン・アンド・チェルシー地区の財政規模は、ウェストミンスターやカムデンといったほかのロンドンの地区と比べても税収が少なく、さらに一九六六年の時点での公営住宅の保有戸数(五三八一)も、近隣のウェストミンスター(一万一八八〇)やサザーク(二万二三九一)地区と比べても格段に見劣りがするものとなった[14]。

こうした自治体行政の「不作為」から生じた隙間を埋めたのが、慈善団体である「住宅信託協会」(Housing Trust)の運動であった。「住宅信託協会」運動は、一九世紀末の有名なオクタヴィア・ヒル(Octavia Hill)の活動に起源をもっているが、富裕層からの拠出金に基づいて、貧困層などに「公正なる価格」で借家を提供したり、土地を取得して住宅を建設したり、また既存の住宅を借り上げて改装などを施していった。一九三〇年代の住宅法によるスラムクリアランス事業を担ったのも「住宅信託協会」であった。「住宅信託協会」と地方自治体は、緊密な関係を構築して、人員や予算の面でも相互に融通しあい、ノースケンジントンでの「住宅信託協会」は、住宅政策の領域で保守党の自由主義的な不介入主義を補完する不可欠の構成要素として組み込まれていたのである[15]。

ノッティングヒル地区では、住宅は民間資本主導で供給され、また不動産市場における投資活動が資本蓄積の原動力となっていた。利潤を増大させようとする不動産業者は、さまざまな方策を講じていく。一九五〇年代から一九六〇年代には、かつては一世帯が居住していた一戸建て住宅やフラットが複数世帯によって共有用として賃貸に出されるようになり、過密化が生じた。かくして悪名高き「ラックマン主義」が跋扈（ばっこ）することになった。ピーター・ラックマン（Peter Rachman）は、地元では有名な地主兼経営者であったが、一九五七年に政府による家賃統制が廃止されると、老朽化した賃貸の住人を追い出すために法外な賃貸料を要求し、追い出しに成功すると、法的な保護の外部にあるアフロ・カリブ系の移民に不動産を賃貸し、ほかに行き場のない彼らの足もとを見て高額の賃料を取り立てることで有名な存在となっていた。ノッティングヒル地区でも、ラックマンの「手下」ともいえる取り立て人が暗躍することになった。

一九六五年に労働党が政権に復帰すると、新たな家賃統制を盛り込んだ議会法が制定され、一九六〇年代後半には「不動産所有者の戦略は変化して、借家人や購買者として上層の所得階層に焦点を定めた」ものとなった。これによって低所得者向け賃貸住宅では、過密で劣悪な状態が放置され、他方で、低所得者向け住宅から富裕層向けの高級住宅への転換、いわば「ジェントリフィケーション」が進行するようになった。不動産所有者は、過密住宅の住民が家屋の修繕などを求めても、むしろ住人を追い出す絶好の機会として捉え、意図的に問題を放置するという状態が続くことになった。いずれにしてもアフロ・カリブ系の賃貸人は、劣悪な居住環境にさらされることになり、人種関係に表出されるノッティングヒル地区の社会的緊張の背後に住宅問題の存在が指摘されるようになった(16)。

二、コミュニティ・アクション

コミュニティの再建

一九五八年八月末から九月初頭にかけてのノッティングヒルは、一連の大規模な暴動によって震撼することになった。八月二九日に数百名の白人労働者階級の若者集団が、アフロ・カリブ系住民を襲撃する事件が発生し、それは九月六日まで続いたという[17]。一九五九年には、オズワルド・モーズレイが反移民を掲げてイギリス・ファシスト連盟から庶民院議員に立候補し、一定程度の得票を獲得することになる[18]。前節で述べたように、ノッティングヒルを抱えるノースケンジントン地区は、アフロ・カリブ系などからの移民が集住したインナーシティであり、人種間の摩擦が高まっていたが、他方でこうした緊張を緩和しようとするロンドンでの最初の実験がおこなわれた地域ともなった。暴動の原因を人種主義と住宅問題とが絡まり合ったコミュニティの「解体」に求めて、コミュニティを「再建」すべくさまざまなヴォランタリー団体が設立され、その担い手となる活動家や専門職など中産階級の流入が加速していった[19]。

ここで問題となるのは、再建されるべき「コミュニティ」とはどのようなものであったかということにある。カミラ・スコフィールドらの研究によれば、戦後イギリスでは多様な「コミュニティ」概念が流布しており、それがコミュニティ・アクションに多様性を与えていたのだという。ひとつは、社会科学者マイケル・ヤングらの「コミュニティ研究」(community studies)に見られるように、戦後福祉国家の中央集権的官僚主義への対抗として、分権化された社会主義を支える自発的活動の場としてのコミュニティに注目するものである。もうひとつが、植民地事業の一環として独立に向けた支援としての「地域開発計画」(community development)に起源をもつもので、それは国連の発展途上国支援事業にも大きな影響を与えていった。そして最後に、アメリカ公民権運動に刺激されたブラックパワーの急進主義の系譜であり、それは差別され抑圧されたものの結集体としての「コミュニティ」が想定されていたのである。

コミュニティ・アクションは、このような多義的なコミュニティ概念に刺激されながら展開していき、その担い手たちにも複数の潮流が存在することになった。ひとつは、ニューレフトの活動家たちであり、これがコミュニティ・アクションの中核を形成していく。事実、一九六〇年代初めにスチュアート・ホールは、『ニューレフト・レヴュー』(*New Left Review*)の創刊に関わっていくことになるが、ニューレフトの団体(New Left Club)がノッティングヒルの地域活動に深く関与していたことをのちに回想している。[20] もうひとつが、メソディスト教会の聖職者たちであり、彼らは地域内のオールセインツ教会を拠点に、ＹＭＣＡやＹＷＣＡなどの青年組織の協力もえて活動を展開した。近年の研究では、植民地での経験をもつ専門職であるＴ・バッテンの「非直接的アプローチ」による「地域開発計画」の構想は、イギリス国内にもＹＷＣＡなどを通じてソーシャルワーカーの間でも広がっていったことが注目されている。[21] また黒人急進主義の影響は、ケンジントンの行政管区内に設立された「人種間評議会」(Inter-Racial Council)などで黒人ソーシャルワーカーらを通じて浸透していた。

白人中産階級パターナリズム

一九六〇年代後半から登場してくるインナーシティ問題に対して、労働党のウィルソン政権は、政府主導の社会調査を組織して、いくつかの主題別の報告書をまとめあげた。それらを受けて一九六八年には、キャラハン内相が『都市計画』(*Urban Programme*)を発表した。報告書のなかでは、人種と貧困の関係性について体系的に定義され、その後のインナーシティ問題に対する政府の対応策の基本的枠組みを提供していく。さらに翌一九六九年にキャラハン内相は、最も重要な「地域開発事業」(Community Development Project：ＣＤＰ)を制定した。そこでは、ソーシャルワーカーと研究者の共同作業として地域開発が構想され、まず社会調査と分析をおこなって、住宅事情と産業衰退の実態を研究し、そのうえで社会改革プランが構想された。社会調査と援助の供与を計画の基軸としていたのである。[22]

ノッティングヒルでは暴動後に、ソーシャルワーカー、聖職者、ニューレフトなどによって、多様な活動が展開していったが、その嚆矢となったのが「ノースケンジントン家族調査」であった。この調査は一九六〇年代初頭に「地域開発計画」の系譜にある専門職によって遂行されたもので、地域への「定住」を推奨していった。実際、一九六五年以降には、新世代のソーシャルワーカーたちが「隣人として」活動すべく地域への定住を開始した。それに続いたのがキリスト教徒たちであり、カトリックの「青年キリスト事業」、メソディスト教会のソーシャルワーカーがノッティングヒルに入っていった。そして、ニューレフト系譜の指導者によって担われる草の根民主主義運動としてコミュニティ・ワークショップ(Community Workshop)運動が登場してくる。一九六〇年代になるとこうした活動は、急進的な若者を惹き付けることになり、とりわけロンドン大学政治経済学院(LSE)や新設の大学などからリクルートされる学生たちがその中心となった[23]。

こうした多種多様な活動を架橋する試みとして、一九六七年から始まる「ノッティングヒル・サマープロジェクト」は、いくつかの団体を統合するセンターとして活動を開始した。サマープロジェクトを指導したコミュニティ・ワークショップ運動の中心となったのは、ジョージ・クラーク(George Clark)などのニューレフトであった。このサマープロジェクトには三つの計画があり、それらは、「住宅登録所」(Housing Register)の設立、緊急の遊び場の確保、そして住民総合施設の設立であった。実際のところ、プロジェクトが力を入れたのは、学生たちを動員して行われた六〇〇〇世帯に及ぶ社会調査であった。収集されたデータは、サセックス大学の社会調査研究所に送付されて分析され「中間報告」として公表された。それによれば、全体の六分の一の世帯が人口過密状態にあり、カリブ系、アイルランド系、アフリカ系移民の世帯では、過密状態になる傾向が高いことが指摘された。人種主義をめぐる緊張関係が、依然として潜在的に続いていることが明らかとなった。

カミラ・スコフィールドらによれば、サマープロジェクトには白人中産階級パターナリズムのもつ限界が内包されていたと言う[24]。第一に、白人性の問題である。プロジェクトでは人種の問題を積極的に取りあげることに慎重であった。ジョージ・クラークは、プロジェクトの活動自体が、移民などの利害を代表しているとみられることでコミュニティに緊張関係がもたらされるのを警戒した。クラークによれば、住宅に関する情報を取集すること自体が、人種差別主義に対するカウンターとなっているというのであった。第二は、中産階級的バイアスである。プロジェクトの主体となったのは、主として中産階級の専門職、学生、活動家などであり、コミュニティの住民は運動の客体とされていったのである。したがって、第三に、運動が人種や階級の差異に基づくパターナリスティックな性格を持ったことである。かくして「五月には、サマープロジェクトは地域闘争の武器として用いられていた。しかし、一一月までには、地域での闘争と全く関連をもたずに、個人的な助言を借家人や家主におこなう専門家による住宅調査団体として見なされるようになった[25]」という。

直接行動主義

ジャン・オマリーは、次のように回顧している。

プロジェクトは、初期の段階において二つの異なる方向への組織的発展の方向性を示していた。ひとつは、地元での議論と活動のフォーラムとなる住民施設の発展であり、当局によって統合されて終わるような住宅サーヴィスの制度の発展である[26]。

この「プロジェクト」に内包されていた緊張関係は、プロジェクトの終焉の後に、さらに公然としたものになっていった。事実、ジョージ・クラークは、官製の「地域開発」事業と同じような福祉的な活動を主眼として、地方自治体への依存を増していった[27]。「こうした論理で、元来は急進的な動きが、当局によって制度化され統合されていってしまった[28]」。コミュニティ・アクションが既存の権力機構に吸収されるという失敗を経験して、新たに主導権を獲得していったのが、オマリーなどによって指導される「人民協会」(People's Association)を中心とする運動であった。

「人民協会」は、「議論と活動のフォーラム」となる二つの総合施設（住民総合施設 People's Centre; ランカスター住民総合施設 Lancaster Neighbourhood Centre）を基盤としており、そこでは「個人を集団的活動によって援助すること」、具体的には、①借家人の生活条件を改善し、地主と地方自治体の双方に公正な運用を求めること、②地域における住人に対する搾取と差別と闘うこと、③子どもたちのための適切な遊び場と娯楽の施設のための活動をすること、④ノッティングヒルをより暮らしやすい場所とすることなどを目的としていた。また、非公式の協力関係によって諸団体（「ノッティングヒル住居占拠者」「居住者組合」など）を結成し、週刊紙『人民新聞』（*People's News*）を創刊して、地域の街路レベルでの情報を共有しながら、連絡のネットワークを構築し、そのための印刷所も地域のグループによって運営されていた[29]。

「人民協会」では、白人中産階級のパターナリズムの限界を超えていくコミュニティ・アクションの「急進主義」的位相が明らかとなる。同時代人は「家賃ストライキ、住宅占拠、借家人の権利運動などの「急進化する」諸活動に関与することで、またその状況の批判に向けた連帯の動きのなかでさまざまな圧力を関連する自治体や諸機関にかけることで、地域のコミュニティには共通の利害というものがもたらされる[30]」と述べている。ジョージ・クラークは、「紳士的な説得だけが所有者の心を動かすことができる。……もし非合法的に支配権を奪い取ろうとする道を進むならば、深刻な問題が惹起されるであろう[31]」と述べ、「人民協会」の直接行動主義への批判を展開している。オマリーらが指導する「人民協会」のアプローチは、一貫して直接行動主義を基盤とし、かつ地方政府に対して対抗的関係にあった。「人民協会」の運動は、地方政府への参画が本質的に「反革命的である」という黒人急進主義に見られた傾向と親和的関係にあったのである。

三、ジャン・オマリーの思想と実践

ニューレフト

ノッティングヒルの地域活動家であったジャン・オマリーの活動を見てみよう。オマリー自身は、「核兵器廃絶運動」(ＣＮＤ)から地域活動に関わるようになった人物であり、ＣＮＤの人脈を利用して地域活動に従事するようになった。その点で、コミュニティ・アクションとニューレフトとの連続性を確認することができる[32]。

ＣＮＤには一六歳から参加しています。バスツアーで全国をまわって、そこで〔機関紙〕『平和ニュース』の宣伝をしました。これは、ＣＮＤグループの再活性化を目指したもので、野外集会を開催し、ＣＮＤへの関心を喚起しようとしたのです。ここで私は、パートナーのジョンと出会いました。やがて、そこから離脱します。なぜなら、地域の政治的文脈で核兵器の問題を喚起する特別な地域活動チームを結成する試みがありました。それは通常夏休みの四週間にわたっておこなわれたものです[33]。

このようにコミュニティ・アクションは、ＣＮＤのようなニューレフト運動の系譜から発生してきた。だが、そこには「断絶」の側面も存在していた。もともと、ＣＮＤにとって地域社会での活動は、ローカルな文脈で核問題への理解を促すための「キャラバン隊」として構想されていたが、地域社会の内部で独自の展開を遂げていった。オマリーは言う。

ノースケンジントンでの活動では、ＣＮＤとは全く関係がありませんでした。そこには、独自の生活、ダイナミズム、支援のネットワークがありました。もちろん、ＣＮＤを通じて知り合った人びとのすべてに手紙を書いて支援を得ようとしました。しかし、より広い範囲の人びとからの支援があったのです。……私たちは、すべてのことを試みました。私たちには恐れがなかったのです。私たちは何かができると思っていました。[34]

こうした地域社会のなかでオマリーが直面したのは、既存政党の機能不全であった。金融・不動産業者と癒着した保守党は労働者階級の状態には無関心であった。また対抗する労働党の側にも、それが顕著であった。

私たちの運動を労働党内部に注入しようとしました。私たちは労働党員でしたから。労働党の自治体議員にはやってきて支援をしてくれた人もいましたが、地方議会ではごく少数派でした。自治体議員は運動を鼓舞してくれる存在ではなく、成功体験をもっていませんでした。〔そうした議員には〕議会ではかたちばかりの反対の討論をすることぐらいしか期待できませんでした。[35]

オマリーは、歴史家ジョン・デイヴィスのインタヴューのなかでも同様の視点を提示している。

われわれの欲するものは、通常の政党の政治的性格を変えることでした。なぜならば、それらの組織は古びてしまって、人びとが抱える純粋な問題に対して対応できていないからです。私たちは、ボトムアップの政治を欲しているのです。[36]

「ボトムアップ」という言葉に体現されているように、コミュニティ・アクションの核心において民衆的個人主義の中心に位置する「自己決定権」の拡大という思想が表出されていることに注目しなければならない。

私たちは国家の代理機関にはなりたくありませんでした。私たちはそれを転倒させたかったのです。私たちは、公的な資金は欲しくありませんでした。公的機関から資金を得ることはしませんでした。私たちは独自の資源を調達すれば、膨大な自由を得ることになるからです。なぜなら、私たちに資金を出してくれた個人や一緒に仕事をしてくれた人びと以外には、説明責任を負わないからです。[37]

それでは、あまたあるコミュニティ・アクションの活動のなかでも「人民協会」という形態での運動が発展していった要因は、どこにあったのか。オマリーの活動は、既存のコミュニティ・アクションのもつ白人中産階級パターナリズムを超える射程を備えていた。オマリーは、「フィデリティ」(Fidelity)という地元のラジオ工場でのオルグ活動に関わった経験を回顧している。それは、住宅問題で相談に乗ったカリブ系の女性を通じて知った工場の雇用環境の改善についてのものだった。

フィデリティの労働者は、主としてアジア系、カリブ系、アフロ・カリブ系で、男性と女性は半々でした。アフロ・カリブ系の女性はいませんでした。この地域では唯一の工場でした。……ノースケンジントンには複数の工場はなく、その活動は新しいという意味において挑戦的なものでした。[38]

脱産業化が進むケンジントン地区で例外的に存在する製造業は、移民の安価な労働力によって担われていた。こうした運動を通じて、直接的に移民を中心とする住民の住宅環境・労働条件についての認識を深め、かつ住民のエネルギーを動員した運動を構想していったのではないかと思われる。オマリーが、こうした活動に関わることができたのは、フリーの活動家であり、「時間的余裕」があったことをあげている。「無給で上司もいないコミュニティ活動家であるという柔軟性と自由」が、運動の射程を広げて深化させていったというのである。

ジャン・オマリーは、学生活動家を多く輩出していたLSEで社会行政学を学んだことを述懐している。

私がLSEで学んでいたとき、社会行政学の授業をとって地域開発の起源が「原住民」を支配するための手段として植民地から起こってきたことを知りました。そして、その言葉が解放というよりも支配の観点からのいかがわしい歴史をもっていることを知って衝撃を受けました。[39]

本来ニューレフトが志向していた「ボトムアップ」の運動は、最も抑圧された存在としての移民に担い手を発見し、その抑圧された「コミュニティ」がもつ急進主義に依拠することになった。ニューレフト内部に見られた路線対立は、この「コミュニティ」概念の相違として看取されることになった。まさにこの点において、「人民協会」の活動を立ち上げたオマリーが植民地主義の系譜をもつ「地域開発計画」に触発されたパターナリスティックな活動に違和感をもったことの意味を自覚したのであった。

モラル・エコノミー

オマリーらの活動の焦点がノッティングヒル地区で最も喫緊の課題の住宅問題にあったことは、言うまでもない。オマリーの回想録によれば、住宅問題をめぐって諸利害がせめぎ合う文字通りの「闘争の場」となっていた。ノースケンジントン地区は、ひとつの戦場と見なしうる。最高値で売ろうと利潤を追求する不動産転売業者とニーズに基づいて住宅を配置しようとする非営利の住宅信託協会との間の戦場だ。戦闘の傷跡は地域内のいたるところで明白となっている。住民の立ち退き、住宅価格の高騰、別荘や都市型の高価な住居への豪奢な改装などが続いている。(40)

高級住宅街への転換(=ジェントリフィケーション)を目論む民間資本の介入によって、過密状態になった古い建築物から住民の立ち退きが求められ、家を失う人びとが溢れ出たのである。こうした状況に対処するためにオマリーらがとったひとつの戦略は、「住宅占拠」(squatting)であった。

この「住宅占拠」は、この時代のノッティングヒル地区に限られたものではない。戦後復興期の住宅不足の時代には、大掛かりな住宅に対する占拠がおこなわれたし、一九六〇年代、七〇年代のイースト・ロンドンやパディントン地区などでもホームレスと空き家の増加という跛行的な事態の進行に対して、コミュニティ・アクションのひとつの形態としての「住宅占拠」運動が活発化していった。しかし、オマリーらは「選択的住宅占拠をおこなった。豪勢な宅地を狙って特別な対象としたのである。それは、広汎な「住宅占拠」がおこなわれたパディントン地区やイーストエンド地区での住宅占拠とは異なるものであった(41)」という。

「選択的住宅占拠」(selective squatting)とは何か。それは、占拠する住宅の対象を政治的にもっとも効果の大きい物件に絞って実行し、政治的な回路（区議会など）を通じて獲得目標に近づこうとする、きわめて戦略的な発想に基づく実力行使の形態であった。

このようにして、特定の政治的目的と結びつけて住宅占拠の手段を用いました。私たちは自治体議会に強制的にその不動産物件を購入することを要求しました。物件を確保して民衆のために使おうとしたのです。しかし、区議会は決してそのようにはしませんでした。(42)

この場合の「政治的目的」とは、劣悪な住居を放置するラックマン主義の家主から自治体が不動産を「強制的に買い上げ」ることであった。そして、オマリーらがノッティングヒル地区の住宅問題を生み出している不動産資本に対抗するために用いたもうひとつの戦術が「競売潰し」(auction burning)であった。

私たちは住居占拠と競売潰しを結びつけて、不動産代理店の名入り便箋にまったく別の不動産の説明文を記入したりしました。私たちは独自に不動産鑑定士に足を運ばせて、内部の劣化状況（乾燥腐敗）に関しても話させました。私たちは、そこに現在も住んでいる借家人についても説明を加え、居住者たちは権利を知っており、法律相談センターがその代理人となり、立ち退きと戦う意思があることを言明させています。私たちは、そうした事実を競売の場で明らかにして、購入予定者に伝えたのです。(43)

投機の対象としての不動産の改装＝高級化に抵抗すべく、競売・転売に不利な条件を明らかにし、現在の住民の居住権を保障しようとしたのである。さらに「競売潰し」には別な戦術も用いられていた。

それから競売の部屋にいる人々に入札をおこなわせました。入札に参加させたのです。私たちは、衝突を伴いながらもノッティングヒル住宅信託協会と活動をしてきました。彼らは購入予定者がこれ以上払うことのできない価格、これ以上の値がつかない最高価格を知っていました。これ以上の入札が無い場合には、彼らは頷いてウィンクをしてくれました。したがって、私たちの半分のものは、不動産購入者のようにめかしこんで、入札の部屋に入り、不適切で常軌を逸したような水準まで入札を繰り返して、競売人がどこかおかしくなっていることを認識して、最終的に撤回するまで続けられました。競売が混乱して、競売人が撤回すると、住宅信託協会が交渉で購入することができる価格まで減額されるのを期待しておりました(44)。

「住宅占拠」に対する歴史的評価としては、民衆政治の自己防衛活動であり共同体主義的な生活実践とされることもある。「住宅信託協会」を介した「民衆的な価格設定」による公正な価格の維持、これに先の限定された実力行使としての住宅占拠を加えれば、エドワード・P・トムスンが一八世紀の食糧暴動を論じるなかで明らかにした民衆の行動様式と重なるところがある。トムスンは民衆の正当性をめぐる観念や行動様式を「モラル・エコノミー」(45)と命名したが、興味深いのはトムスンに着想を与えたのが、このノッティングヒルなどでおこなわれた「住宅占拠」を含むコミュニティ・アクションではないかと思われる点である。オマリーの回想録は、一九七七年に出版されるが、事前にトムスンやラファエル・サミュエルなどのニューレフトの歴史家たちに草稿を読んでもらっていたことが、巻頭の「謝辞」で示されている(46)。もちろん新聞やメディア報道で活動のあらましについては知っていたであろうが、トムスンとコミュニティ・アクションとの密接な関係があったことは確かである(47)。

プロフェッショナリズム

ノースケンジントンでは、子ども向けの公共の「遊び場」が圧倒的に不足しており、近隣在住の子どもたちが道路上で遊ぶという状況が常態化していた。しかし、首都環状道路(Westway Moterway)の開通にともなう交通量が増加するなかでの遊び場の不足は、必然的に交通事故を惹起することになり、ノッティングヒル地区の大きな社会問題となっていた。他方で、この地域には、地元の地主たちが所有する未使用の空き地が多数存在するという逆説的な事態が生じていた。こうした状況を打開するために、オマリーらのグループは、実力行使に踏み切ることになる。

封鎖されていた三つの庭園広場がありました。路上では子どもたちが事故死していました。それで私たちは、コルヴィル広場(Colvile Square)の所有者である家主のサリー州の家までいき、コルヴィル・ガーデンに居住する家族が彼の家でピケを張りました。これは、うまくいきませんでした。「地主さん、ドアを開けて、子どもたちをなかに入れてください」というのが合言葉でした(笑)。[48]

地区内に点在する空き地・広場に対して、コルヴィル広場の「不在地主」の自宅まで出向き、その「開放」＝「解放」を要求するという挙に出たわけである。次に見るように、実際に私有地で立ち入り禁止であるはずの広場を占拠するという事例も報告されている。

パウィス広場(Powis Square)では、最終的に私たちは柵を壊して占拠し、雨の中でピクニックをして、区議会にそれを購入するように要求し、実際に(議会は)購入しました。少し時間がかかりましたが。そして、私たちが望んでいた計画を作成しました。広場で……どのように使用してもらいたいかを議会に提出し、自治体はそれを監督する遊び支援員に賃金を支払うのです。[49]

一八世紀の農業革命時には囲い込み(エンクロージャー)運動への反発として民衆が旧来の慣習を主張するために柵を壊して私有地に侵入するという行動様式はしばしば見られたが、それが時空を超えて二〇世紀ロンドンのノッティングヒルでも見られることになった。事実、ここでもオマリーらは自治体や任意団体による「強制的買い上げ」という「選択的住宅占拠」と同じく政治化された手段を講じることになった。

住宅信託協会が、最終的にほとんどの土地を所有したと思います。それは、圧力、つまり不動産市場で騒動を引き起こすために私たちがしたことが原因となっています。協会は、地域社会と協力して広場を開放しました。地域の保育園を立ち上げました。それは、庭園の広場を子どもたちが遊ぶための空間として使用して

いる家々の地下にある託児所です。(50)

買い上げられた土地に関しては、保育園などの地域のニーズに密着した要求が提出される。より大規模な再開発計画に関しては、みずからが準備した専門家によって立案された計画が議会に提出され、その代替構想をもとに地方自治体は地域開発計画を進めようとした。そして、その構想の立案には、大学で建築を学んでいた地域活動家のオマリーの夫などが参画していくことになる。

しかし、代替用途の計画が立てられた最大のエリアは、広大な敷地だった高速道路(ウェストウェイ)下です。建築家や建築家志望の学生が計画を作成し、私たちは協議会を開き、使用計画全体を自治体議会に提出しました。……そして「高速道路開発信託」と呼ばれるものが設立され、夫のジョンとアダム・リッチーが深く関わっていました。そして彼らは、なんとかしてこの土地が現在のように地域社会の目的に使用されるように交渉しました。――つまり、当局が構想をもっていないのに、私たちだけが構想をもっていることには自信がありました。それは、とても彼らにとって「ノー」とは言いにくい。――そしてアダム・リッチーはとても……とても発想に富んだ人なのです。(51)

このように、実力行使によって強制的に買い上げられ、その利用のあり方をめぐっては、みずから住民のニーズに立脚した代案を提出して、開発の計画の構想・立案での主導権を発揮していったのである。

コミュニティ・アクションを研究しているデヴィド・ジョン・エリスによれば、運動はふたつの段階をもって画されるという。第一段階は、一九六〇年から一九七〇年代初頭に展開した「抵抗型」のコミュニティ・アクションである。第二段階は、一九七五年から一九八〇年代にいたるもので、「提案型」のコミュニティ・アクションが展開された。後者の時期には、初期の運動の成果として開発計画が頓挫したあとに、政策の真空地帯が創出され、そこにコミュニティ・アクションの側が計画の構想と立案をおこなっていった。その際の戦略として、公共部門との共同という形態をとり、専門職（都市計画立案者・社会事業活動家・建築家）の助言を仰ぎながら、地域社会内部での信頼を獲得して、物的資源・情報・政治的ネットワークへのアクセスを確立していったという。(52)ノッティングヒルでの活動でも、その特徴が典型的に表出されていたのである。

おわりに

ノッティングヒルは、ふたつの大きな移動の波に巻き込まれていた。ひとつは、一九世紀以来続くロンドンの都市再開発の波であり、それは脱産業化と密接に絡まりあいながら中心部から郊外への人口の流出を引き起こしていた。もうひとつは、戦後の移民の流入であり、エンパイア・ウィンドラッシュ号に始まるカリブ系移民が集住する地域となっていた。かくしてノッティングヒルは、いわゆる「インナーシティ」を形成して、人種暴動に表出される「コミュニティの解体」が懸念されていたのである。ノッティングヒルのコミュニティ・アクションは、一九六〇年代から都市の貧困に対処すべく開始され、ニューレフト、キリスト教徒、福祉専門職、黒人運動家など多様な系譜をもつ活動家たちが流入して、さまざまなヴォランタリー団体が設立されていった。

ヴォランタリー団体では、白人中産階級パターナリズムの原理が支配的であった。だが、ジャン・オマリーらのコミュニティ・アクションでは、より直接行動主義による運動のスタイルが採用された。ロンドンではとりわけ深刻化していた住宅問題に対処するなかで、実力行使として「住宅占拠」を実践していった。また「遊び場」の確保運動では、「空き地」を保有する不在地主に圧力をかけた。さらに直接行動の成果を現実化すべく、区議会に圧力をかけ、賃貸住宅や空き地の強制的買い上げを議会に迫っていった。オマリーらは、実力行使と直接行動を基調としながら、行動原理としてモラル・エコノミーを採用していたのである。

しかし、直接行動主義に止まらない原理をコミュニティ・アクションは内包していた。コミュニティ・アクションは、一九六〇年代後半から出現する「新たな貧困」に対して無為無策の状態に置かれたロンドン地方政府と全面的な対決の関係に置かれていった。実力行使によって獲得した「空き地」の利用計画について、オマリーらは建築家などを動員して、保育所の建設などを含んだ住民主体の「地域再開発計画」を構想していったからである。これは、大学卒の専門性に富んだ参加者が運動に見られたことが原因であるが、戦後の大学教育の拡充の成果が伝統的な民衆運動の直接行動主義とは異なる性格をコミュニティ・アクションに与えていったのである。知識と専門性に支えられた活動が、後期コミュニティ・アクションの特徴とされるが、この専門性(プロフェッショナリズム)が新自由主義との関連でいえば諸刃の剣となった。

ロブ・ウォーターズらの研究によれば、一九七〇年代、八〇年代の都市ニューレフトの運動では、テクノクラート志向の専門職が新自由主義と親和性をもって展開していったという。多くのニューレフトの活動家たちは、一九七〇年代後半から国家機構への「浸透」を戦略的目標に据えて、一九八〇年代にはニューレフトは最も実り豊かな成果を手にすることになったが、ここにコミュニティ・アクションなどの「脱急進主義」が鮮明となった。民衆的個人主義に内在する中産階級専門職のテクノクラートの志向が、サッチャリズムへの反転を生み出すことになったのである。[53] またヴォランタリー団体による活動は、サッチャー政権から新労働党の「第三の道」路線のなかで国家の統治機構の末端を担わされるようになり、いわば「福祉複合体」としての新自由主義の受け皿となっていった。一九七〇年代イギリスのコミュニティ・アクションがもった両義的な意味は、サッチャリズムとの関連で慎重な検討を要している。

(1) Peter Hain, *Community Politics*, London: Calder, 1976, p. 17.

(2) John Davis, "Community and the Labour Left in 1970s London", in Chris Williams and Andrew Edwards (eds.), *The Art of the Possible: Politics and governance in modern British history, 1985–1997: Essays in memory of Duncan Tanner*, Manchester: Manchester University Press, 2015.

(3) 日本におけるノッティングヒルのコミュニティ・アクションに関しては、早くから社会学者による研究がおこなわれてきた。加藤春恵子『福祉市民社会を創る――コミュニケーションからコミュニティへ』新曜社、二〇〇四年。西川麦子「一九六〇年代、ノッティングヒルにおけるコミュニティアクションとしての印刷所――Notting Hill Press の「新しい運動」のかたち」『甲南大学紀要　文学編』一七三号、二〇二三年三月。

(4) Peter Shapely, *Deprivation, State Interventions and Urban Communities in Britain, 1968–79*, Routledge, 2018; Aaron Andrews, Alistair Kefford and Daniel Warner, "Community, culture, crisis: the inner city in England, c. 1960–1990", *Urban History*, vol. 50, no. 2, 2023.

(5) Jan O'Malley, *The Politics of Community Action: A Decade of Struggle in Notting Hill*, 2020 edition, Nottingham, England: Spokesman, 2020.

(6) Transcript of interview of Jan O'Malley by Dave Welsh on 18 August 2011.

(7) MS 17216-17243 - A collection of newscuttings used by the author of "The Politics of Community Action" (Jan O'Malley). Material relates to subjects covered in the book, many of which are local although other areas are represented GB 87: Kensington and Chelsea Local Studies & Archives.

(8) Jan O'Malley, *The Politics of Community Action*, pp. 10–11.

(9) Jan O'Malley, *The Politics of Community Action*, pp. 18–19.

(10) Jan O'Malley, "Community Action in Notting Hill", in Ann Lapping (ed.), *Community Action*, Fabian Society, 1970, p. 28.

(11) Jan O'Malley, *The Politics of Community Action*, p. 19.

(12) Jan O'Malley, *The Politics of Community Action*, pp. 21–24.

(13) Jan O'Malley, *The Politics of Community Action*, p. 16.

(14) Jan O'Malley, *The Politics of Community Action*, pp. 16–17.

(15) Jan O'Malley, *The Politics of Community Action*, pp. 13–15.

(16) Jan O'Malley, "Community Action in Notting Hill", *op. cit.*, pp. 31–32.

(17) Christopher Hilliard, "Mapping the Notting Hill Riots: Racism and the Streets of Post-war Britain", *History Workshop Journal*, vol. 93, no. 1, 2022.

(18) Jan O'Malley, *The Politics of Community Action*, pp. 14–17.

(19) Ben Jones and Camilla Schofield, "'Whatever Community Is, This Is Not It': Notting Hill and the Reconstruction of 'Race' in Britain after 1958", *Journal of British Studies*, vol. 58, no. 1, 2019.

(20) スチュアート・ホール、ビル・シュワルツ『親密なるよそ者 スチュアート・ホール回想録』人文書院、吉田裕訳、二〇二一年、三一七―三二二頁。また西川麦子氏によるホールへのインタヴューもコミュニティ・アクションの活動家(ジョージ・クラークなど)との関係を詳細に伝えてくれる(Nishikawa Mugiko, *Grassroots Media Zine*, 2, Harukana Show, 2014)。

(21) Ben Jones and Camilla Schofield, *op. cit.*, pp. 161–165.

(22) 教育に関するプラウデン報告(一九六六年)、社会保障に関するシーボウム報告(一九六九年)、計画化に関するスケフィントン報告(一九七〇年)、そして地方政府の再編に関するラドクリフ＝モウド報告(一九六九年)などである(Peter Shapely, *Deprivation, State Interventions and Urban Communities in Britain, 1968–79*, chaps. 4–6)。

(23) Celia Hughes, *Young lives on the Left: Sixties activism and the liberation of the self*, Manchester University Press, 2015; Georgina Brewis, *A Social History of Student Volunteering: Britain and Beyond, 1880–1980*, Basingstoke, 2014.

(24) Ben Jones and Camilla Schofield, *op. cit.*, pp. 169–172.

(25) Jan O'Malley, *The Politics of Community Action*, p. 49.

(26) Jan O'Malley, *The Politics of Community Action*, p. 58.

(27) 一九七一年にジョージ・クラークによって指導される「社会権利委員会」(Social Right Committee)が設立され、子ども集団の組織化、子どもの休暇キャンプ活動、年金生活者へのクリスマスの贈り物など、「地域開発」事業と同じような活動をおこなった。またクラークらは選挙で選ばれた「住民評議会」(Neighbourhood Council)を設立したが、財政的な制約もあり地方自治体への依存を増していった(Ben Jones and Camilla Schofield, *op. cit.*, pp. 167–168)。

(28) Jan O'Malley, *The Politics of Community Action*, p. 53.

(29) Jan O'Malley, *The Politics of Community Action*, chap. 5.

(30) Mike Phillips, "Separatism or Black Control?" in Ohri, Manning and Curno, *Community Work and Racism*, London: Routledge, 1982, p. 106.

(31) Jan O'Malley, *The Politics of Community Action*, p. 41.

(32) 核兵器廃絶運動は、一九五〇年代に政府の核保有政策への反対運動として始まり、伝統的な左翼の階級的な争点とは異なり、平和問題を争点として「豊かな社会」のなかで台頭してきた中産階級を基盤に展開したことから、ニューレフト成立の画期とされている。

(33) Transcript of interview of Jan O'Malley by Dave Welsh on 18 August 2011.

(34) Transcript of interview of Jan O'Malley by Dave Welsh on 18 August 2011.

（35） Transcript of interview of Jan O'Malley by Dave Welsh on 18 August 2011.
（36） Jan O'Mally interview with John Davis quoted in John Davis, "Community and the Labour Left in 1970s London", p. 210.
（37） Transcript of interview of Jan O'Malley by Dave Welsh on 18 August 2011.
（38） Transcript of interview of Jan O'Malley by Dave Welsh on 18 August 2011.
（39） Transcript of interview of Jan O'Malley by Dave Welsh on 18 August 2011.
（40） Jan O'Malley, *The Politics of Community Action*, p. 100.
（41） Transcript of interview of Jan O'Malley by Dave Welsh on 18 August 2011.
（42） Transcript of interview of Jan O'Malley by Dave Welsh on 18 August 2011.
（43） Transcript of interview of Jan O'Malley by Dave Welsh on 18 August 2011.
（44） Transcript of interview of Jan O'Malley by Dave Welsh on 18 August 2011.
（45） E. P. Thompson, "The Moral Economy of the English Crowd in the Eighteenth Century", *Past & Present*, vol. 50, no. 1, 1971.
（46） Jan O'Malley, *The Politics of Community Action*, p. 8.
（47） トムスンのモラル・エコノミー論の「正当性」観念と一九六〇年代の「住宅占拠」との密接な関連を指摘しているものとして、以下を参照。John Marsland, "Squatting: The Fight for Decent Shelter, 1970s–1980s", *Britain and the World*, vol. 11, no. 1, 2018.
（48） Transcript of interview of Jan O'Malley by Dave Welsh on 18 August 2011.
（49） Transcript of interview of Jan O'Malley by Dave Welsh on 18 August 2011.
（50） Transcript of interview of Jan O'Malley by Dave Welsh on 18 August 2011.
（51） Transcript of interview of Jan O'Malley by Dave Welsh on 18 August 2011.
（52） David John Ellis, "On Taking (Back) Control: Lessons from Community Action in 1970s Britain", *Renewal: a Journal of Labour Politics*, vol. 25, no. 1, 2017.
（53） Camilla Schofield, Florence Sutcliffe-Braithwaite and Rob Waters, "'The privatisation of the struggle': Anti-racism in the age of enterprise", in Aled Davies, Ben Jackson and Florence Sutcliffe-Braithwaite (eds.), *The Neoliberal Age?: Britain since the 1970s*, London: UCL Press, 2021.

第2章

教育政治の変容と新自由主義
——ウィリアム・ティンデール校事件(一九七五年)を再訪する

岩下　誠

はじめに

サッチャー政権下のイギリスで、ナショナルカリキュラムの制定、全国学力テストと学校選択制の導入、教育水準監査院の設置、自律的学校経営といった急進的な教育改革が行われたことはよく知られている。それは戦後福祉国家体制において構築されていた教育統治の構造、つまり中央教育行政、地方教育行政と学校が協同して公教育を運営する仕組み(パートナーシップ)を否定し、疑似市場の創出と競争原理の導入を軸に、統治構造を再編するものであった。

しかし教育改革はサッチャー政権において突然始まったわけではない。教育領域における新自由主義改革の起点はサッチャー政権ではなく、それに先立つ労働党政権時代に遡って求められるのが通説である。一九七六年一〇月、当時の労働党首班であったジェームズ・キャラハン首相は、オックスフォード大学ラスキン・カレッジで演説を行った。それは、イギリス教育の抱える問題として、中等教育の質の低下、進歩主義教育の弊害、産業界・経済的なニーズへの不適応などを挙げたうえで、専門職(教師と地方教育当局による)統制をその原因として批判し、教育への国家介入を強化する必要性を訴えるものであった。一九七九年に政権へと復帰した保守党は、キャラハンのラスキン演説が指摘したこれらの「問題点」に対する「解決」として、新自由主義的教育改革を推進していくことになる。

ところでこの演説を行う際、キャラハンが同時代の「教育の荒廃」を象徴するエピソードとして念頭に置いていたのが、前年にメディアを通じて全国的なスキャンダルとして知られるようになったロンドン・イズリントン区の学校騒擾(そうじょう)、通称「ウィリアム・ティンデール校事件」であった。その後も、同事件はイギリス教育の危機の象徴として、教育改革を主張する言説のなかで繰り返し言及されてきた。そこで本稿は、ウィリアム・ティンデール校事件を歴史的・批判的に再検証することを通じて、イギリス社会が福祉国家から新自由主義体制へと転換する一局面を描くことを試みてみたい。

一、イギリス教育改革はどのように語られてきたか

新自由主義と教育改革

ウィリアム・ティンデール校事件は、前述のラスキン演説と並んでイギリス教育政策を社会民主主義的な路線から新自由主義へと転轍(てんてつ)する契機として理解されてきた。しかし本書の序章で長谷川貴彦が詳述しているように、現在の視点からすれば一九七〇年代の「危機」とは、経験的な実態というよりも政治的に構築された表象であるという可能性が検討されてしかるべきであろう。とりわけ急進的な改革を提唱する言説はそれ自体がひとつの政治戦略であり、そうであるがゆえに、その現状認識が果たして偏っていないのか、それが主張する改革の必要性や緊急性が妥当なものなのかといった慎重な検証が不可欠なはずである。

しかし教育領域においては、改革論の持つ政治性やイデオロギーは、時に容易く「学」へと浸潤する。例えばそれは、「イギリスの教育に詳しい研究者」の次のような解説に典型的に現れる。

イギリスの教育改革の発端は、一九七〇年代に顕著となった「英国病」です。経済が衰退し、財政赤字が拡大して、国力が落ち込みました。教育界も沈滞し、学校も荒廃が進みました。……ところが、ロンドンの下町にあるウィリアム・ティンデール校の荒んだ状況がセンセーショナルに報道されました。それを契機にイギリス中で学力低下や学校の荒廃という問題が注目されるようになったのです。グローバル化しつつあった経済界からも、世界の国々と比べてイギリスの子どもの学力は劣っているし、学校は荒れ果てている、という指摘が相次ぎました。……そうした流れの中で、一九七六年に労働党のキャラハン首相がオックスフォード大学ラスキン・カレッジで演説をして、「保護者と地域と学校が手を携えて次世代を担う子どもたちを育成しよう」と教育改革を国民に呼びかけたのです。(1)

この論者によれば、一九七〇年代以前のイギリスの教育はナショナルカリキュラムもなければ学校をチェックする機能もなく、「子どもが学びたいことを学ばせる」「児童中心主義」の伝統に固執していた。そんな国が、学校選択制と学校評価を梃子として教育への国家介入を行ったことは「画期的」であった。そして「画期的」な改革を進めることができたのは、同時代のひとびとに深刻な「教育の荒廃」が認識されたからであり、そうした「荒廃」を象徴したのがウィリアム・ティンデール校事件であった、ということになる。

この文章は教育に関心を持つ一般読者を想定した海外動向の紹介であって厳密な意味での学術研究論文ではないが、むしろそうであるがゆえに、日本の教育学者が、サッチャー教育改革に至るイギリス教育の歴史をどのように理解しているのかを明瞭に示している。それは、「進歩主義教育の行き過ぎ → 経済衰退・教育の荒廃 → 新自由主義教育改革の導入」という単線的な変化のイメージである。さらにこの説明においては、教育改革は、深刻化する教育問題に対処するための機能的な事象としてのみ理解されている。「教育問題」それ自体が構築されるものであること、またその構築が、複数のアクターの利害やイデオロギーの葛藤と調整の過程でもあるという政治的な側面は、説明から捨象されてしまう。結果的に、この種の脱政治化された教育改革ナラティヴは、「他に道はなかった」(新自由主義教育改革は必然であった)という右派の言説と共振し、それを補強してしまうことになる。[2]

しかし右派と左派双方が共有するこうした教育改革ナラティヴは、経験的・実証的な検証を欠いている。例えば、一九七〇年代のイギリスにおける「教育の荒廃」とは具体的に何を指しており、どのような経験的根拠によって主張されているのか。当時のイギリスの子どもの学力は、いつの時代の誰と比較してどの程度低下していたのか。仮に学力低下や教育問題が生じていたとして、果たしてそれは「進歩主義教育の失敗」の結果だと言えるのか。教育改革ナラティヴのなかで、これらのことは何の根拠も提示されないまま、議論の前提とされている。しかしこれらの命題は無条件で議論の前提とされるべきではなく、それ自体が経験的・実証的に検証されるべき事柄である。事実の検証を怠ったまま教育学者が流布する教育改革ナラティヴは、新自由主義的な教育改革があたかも歴史的必然であるかのような解釈を導くことによって、それ自体が新自由主義を支えるひとつの政治として機能してしまっていると言えよう。

批判

他方、近年のイギリスの教育史家の議論に耳を傾けてみるならば、そこでは「一九七〇年代における進歩主義教育の挫折と新自由主義への転換」という通俗的なイギリス現代教育史の叙述を批判し、それを歴史的に相対化しようとする試みを見出すことができる。デヴィッド・クルックは、第二次世界大戦以降の進歩主義的な教育政策が、労働党の、そして労働党のみが一貫して支持した政策であったというイメージに異議を唱えている。実際には、教育機会の拡大や総合制中等学校の拡充といった社会民主主義的な教育理念は、労働党のみならず保守党にも共有されたコンセンサスであった(3)。

進歩主義教育に対する批判も、一九七〇年代に突如として始まったわけではない。ロイ・ロウによれば、進歩主義教育への批判は一九六〇年代からすでに人口に膾炙しており、ラスキン演説はそれら雑多な教育批判の寄せ集めではあっても、決して新奇なものではなかった。「一九七〇年代の現実〔とされるもの〕の多くは、……ひとつのレトリック(4)」以上のものではなく、一九七〇年代の教育実態を反映してはいない。また一般的なイメージに反して、進歩主義的な教育方法を実際に導入していた学校や教師は、一九七〇年代においても圧倒的に少数派であった。そもそも進歩主義教育や児童中心主義は現場レベルで十分に実践されてはいなかったのであり、それが一九七〇年代の「イギリス教育の荒廃」の原因であったなどという議論は、事実の問題として成立しない。

教育政策が政治的にどの程度重要なイシューと見なされるかそれ自体もまた、歴史性を帯びた現象である。ロバート・ドハティによれば、一九四四年から一九六〇年代までのイギリスでは、教育政策は政策課題として相対的に低い重要性しか有していなかった(5)。だとすれば、一九七〇年代に教育政策が問題化されたことの原因を、単純に同時代の教育の実態に帰して説明するのは不十分だということになる。むしろラスキン演説が国民全体を巻き込む「大論争」へと発展したということ、世論や民意において教育政策の政治的重要性が高まったことそれ自体が、歴史的に説明されるべき事柄だということになろう。

これらの諸研究は、一九七〇年代に「進歩主義教育の挫折」「教育の荒廃」がまず存在し、それへの対応として新自由主義教育改革が求められたとする通俗的なナラティヴそれ自体を、実証的に検証し直す必要性を示唆している。この問題意識を共有する本稿は、次の二つを課題として設定する。第一に、ウィリアム・ティンデール校事件の再検証を通じて、一九七〇年代の「教育の荒廃」がいかなる政治的・社会的な磁場のなかで構築されたのかを明らかにすること。第二に、事件の結果として生じた教育政治構造の再編が、どのような意味で後の新自由主義教育改革を準備するものであったのかを考察することである。

二、ウィリアム・ティンデール校事件

事件の概要

まずは、ティンデール校事件の概要を辿っておこう。物語は一九七四年一月、ロンドン北西部イズリントン区、アッパーストリートに所在するウィリアム・ティンデール小学校[6]に、テリー・エリスが新たな校長として着任したことから始まる。エリスは副校長ブライアン・ハドウとともに、ティンデール校にラディカルな進歩主義教育の実践を導入した。しかし同年夏、同校に勤務する補習教育教師(非常勤)アニー・ウォーカーが、エリス校長の教育方針を批判し、保護者らに向けて学校の「規律の乱れ」と教師の「政治的偏向」を告発する怪文書を発出するという事件が起こる。六月および七月には公開の場で保護者による教師批判が行われ、両者の関係は著しく悪化した。その後教師・保護者・学校理事のあいだでは対立が継続する一方、学校に否定的な保護者の一部は、同校から子どもたちを転校させはじめた。教師と対立を深めた学校理事の一部は、内ロンドン教育当局(Inner London Education Authority : ILEA)に、ティンデール校に対して懲戒的な意味合いを込めた完全視察の実施や学校の統廃合などの行政介入を要請する。当局は介入を行う合理的な根拠がないとして理事会の要請を斥けたが、一九七五年初頭、理事たちの一部は理事会や学校側には秘密にしたまま、政党地域支部に働きかけて運動を組織し、ILEAに学校への視察を求める請願署名の収集を開始した。

こうした学校理事の動きが教師側の知るところとなり、また学校理事の一部が内情をマスメディアにリークすることで、一九七五年五月以降、教師と学校理事会の対立が決定的となる。学校紛争が全国的に知られるスキャンダルとなり、また教師と理事会のあいだで対立が激化すると、これ以上の調停は不可能と判断したＩＬＥＡは、ティンデール校の視察を行うことを決定する。しかし教師たちはこれを不服とし、ストライキを行って視察を実行不可能にする一方、「ストライキ学校」を他所に設立し、教師を支持する保護者の子どもたちをストライキ学校に受け入れて教育を継続した。その後当局との話し合いや調整が行われた結果、一〇月に教師たちはストライキを解いてティンデール校に戻り、ＩＬＥＡによる視察も再開されるが、その時点で同校の生徒数は五五人にまで減少していた。勅選弁護士ロビン・オールドが代表を務める調査団が組織され、一九七五年一〇月から一九七六年二月まで同校の紛争に関する調査が行われた。この調査の結果にもとづき、ＩＬＥＡはエリスやハドウおよびその同僚教師を懲戒解雇したが、他方で問題を調停できなかったＩＬＥＡそれ自体も批判にさらされ、教育改革の機運を高める結果となった。以上が事件の概要である。

ロンドン史のなかのティンデール校事件

ウィリアム・ティンデール校事件を論じたもののなかには、ジャーナリスティックな効果を意図して対立する一方の側に視点が偏っていたり、「教育改革ナラティヴ」に無批判に追従してしまうようなものも少なくない。[7]この事件に関して現在までに最も学術的に信頼のおける研究は、ロンドン近現代史の泰斗ジョン・デイヴィスの手によってなされている。[8]そこで、まずはデイヴィス論文の紹介と検討からはじめることにしよう。

デイヴィスがまず注目するのは、ロンドン都市政治史という文脈である。一九六五年に大ロンドン地域を管轄する広域地方政府として大ロンドン都が創設されると、従来の地方自治体はロンドン区に再編された。再編されたロンドン区では、都が消防や交通などの広域行政を担当し、各区は住宅や保健、福祉行政を担当するという機能分化が図られた。しかし教育に関しては、内ロンドンと外ロンドンで異なる対応が取られた。外ロンドンでは各区それぞれの教育当局へと権限が委譲されたのに対して、中心部である内ロンドンでは各区を超えた広域を管轄する内ロンドン教育当局(ＩＬＥＡ)が創設され、既存のロンドン市参事会をほぼ継承するかたちで教育行政を担うことになったのである。

政党政治的には、ＩＬＥＡは少数の有力な労働党政治家および上級官僚という小規模な集団によって支配された。他方で、教員採用やカリキュラム策定のような実際の学校運営に関しては、各学校の校長の自由裁量の余地が大きく残された。予算や条件整備などの面ではＩＬＥＡと協調しつつも、各学校の教育実践は、ＩＬＥＡから比較的高い自律性を保って展開されたと言える。もっとも、ＩＬＥＡと各学校の校長、そして教師たちの政治的な立場は、同時代において徐々に懸隔を生じさせつつもあった。劣悪な生活環境、生活費の高騰と相対的に安価な給与水準という条件によって中堅以上の教員が郊外へと転出し、そうした条件を厭わない若い世代の教員が都心へと流入して数を増やした結果、内ロンドンの教員のなかでは急進的な左派が多数を占めることになったからである。

さらにデイヴィスによれば、ティンデール校の教師たちは、通常の進歩主義教育者よりもはるかにラディカルな思想を持っていた。教育は能力主義的な装いのもとで階級関係の世代間継承を行っている(文化的再生産)という見解を有していた彼らは、学校における能力主義を転換し、もっとも恵まれない子どもたちに教育資源を集中的に分配しようとした。しかし、教育を通じた社会移動という理念を否定する彼らのラディカルな思想は、多くの保護者たちにとって敗北主義とも映りうるものであった。

よりミクロな文脈では、イズリントンの再開発と階級的な分断という状況が存在した。当時のイズリントン南部は大規模な市営団地が建ち並び、労働者階級や有色人種が多く住む貧困地域である一方、北部では一九六〇年代以降に大規模な再開発が進み、「トレンディ」な中産階級が新しく移り住むファッショナブルな地域へと変貌しつつあった。恵まれない層の生徒たちへ教育資源を集中的に分配しようとするティンデール校の方針は、一方で中産階級の保護者たちの懸念を惹き起こし、他方で労働者階級の保守的な保護者たちからも、規律の欠如として捉えられた。学校理事たちは、学校に不満を持つ保護者たちの代弁者として振る舞うようになり、また理事自身がコネを持つメディアや地域政党組織を利用しながら学校批判の運動を展開したが、こうしたやり方は教師側の抵抗をより頑なにし、学校関係者のあいだの分断を強める結果となった。これがデイヴィス論文の概要である。デイヴィス論文は、ひとつの——もしかしたらごくありふれたものに終わった可能性もある——学校紛争が、なぜ、どのようにして、教師による学校ストライキに至るまでエスカレートし、イギリス全土に知れわたる大事件になってしまったのかを、都市社会史の観点から見事に説明している。デイヴィスの説明が優れているのは、ティンデール校事件を事件たらしめた要因を、「教育の荒廃」や「進歩主義教育の行き過ぎ」といった粗雑な解釈枠組みを持ち出すのではなく、社会経済的背景を中心とした地域社会の構造変容のなかに位置づけて説明することに成功している点にある。

仮にデイヴィス論文にやや踏み込みの足りない部分があるとすれば、利害関係者たちの対立のディテールの描写がやや簡易なことである。特に教師と学校理事の対立がエスカレートする機制は、もう少し踏み込んで説明されるべき余地を残している。後に触れるように、関連資料からは、事件の背景にミクロな人間関係における不信や憎悪が強く働いていたことがわかる。以下では、ティンデール校事件の公的調査報告書であるオールド報告書(9)を主な史料とし、教師と理事の感情的な対立の襞に、そしてそれが持つ歴史的な意味に分け入っていきたい。

三、背景とアクター

学校理事会

次節では報告書における教師と理事の対立の詳細を検討していくことにするが、ここではその前に、ティンデール校事件の主要な対立の場となった学校理事会(School Governing (or Managing) Body)とは何かを確認し、議論の補助線を引いておくことにしたい。イギリスでは一九四四年教育法によって、公教育を構成する初等及び中等教育機関に学校理事会を設置する義務が明文化された(10)。この規定は、通常は教師や教育官僚といった専門家による裁量や統制が支配的な学校に、非専門家による民主主義的な統制を加えることを意図したものであった。学校理事会は地域住民らによって構成され、この理事会が校長と役割を分担しながら自律的に学校運営を行うこととされた。

しかし一九四四年法の規定において、理事会がどこまでの権限を持つのかは不明瞭であった。また実際には、理事会は校長による学校運営の承認機関に留まるか、あるいは形骸化してほとんど機能していなかった。例えば一九六〇年代までは、複数の学校を管轄する学校理事会を形式的に設置するが実際の会議はほとんど行われないといった事例が各地で多く見られた。しかし一九七〇年代以降、学校理事会は単なる承認機関にとどまらず、学校運営に実際に意見し関与する方向へと、その機能が強化されていく。事件当時のウィリアム・ティンデール校の学校理事会もまた、複数のルートから選ばれた多数の理事によって構成され、定期的に会議が開催されて学校運営の一翼を担っていた(11)。

理事たち

そしてこの学校理事たちこそ、ティンデール校事件における最も重要なアクターであった。関係者への聞き取り調査の結果として作成されたオールド報告書は、学校紛争を深刻化させた責任を、教師以上に学校理事に帰している。とりわけ重い責任を負うべきとして、同報告書は五名の理事を名指しで批判した[12]。そこで報告書の検討に入る前に、教師と激しく敵対したこの五名の理事たちの背景について簡単に触れておきたい。

ヴァレリア・フェアウェザーはティンデール校理事となる一九七一年以前から、他の小学校理事会で理事を務めた経験を持っていた。地元住民であり、自身の子どもをティンデール校幼児学校に通わせる保護者でもあった。彼女自身は特定の政党党員ではなかったが、夫のジェフリーは地域の労働党員で、イズリントン区議会議員であった。一九七四年夏以降、ヴァレリアはティンデール校理事会副会長を務めることになる。

エリザベス・フードレスはティンデール校理事を務める前に、他の小学校理事を一二年間、中等学校の理事を七年間務め、そのうち二つの学校では理事会会長を務めていた。彼女は有資格のソーシャルワーカーであり、一九六二年に設立されたイギリス最大のボランティア団体であるコミュニティ・サービス・ボランティアズの執行役員でもあった。夫ドナルドとエリザベスはともに労働党員で、ドナルドはイズリントンのセント・メアリ選挙区選出の区議会議員であり、イズリントン区議会副議長を務めつつ、大ロンドン都議会にも特別評議員として議席を保有する有力地方政治家であった。

エルフリス・ギティングスはティンデール校に通う三人の子どもを持つ母親であった。教養学士および教養修士号を有し、社会科の教員免許を取得していた。かつては労働党員であったが、オールド調査団が聞き取りを行った時には、すでに労働党を離党していた。

ロビン・マーベイは一九七一年からイズリントン区議会議員であり、一九七三年五月に臨時でティンデール校理事に任命された後、同年九月より理事として再任命された。ティンデール校以外の学校でも、理事や理事会会長を務めた経験を持つ。労働党員であり、北イズリントン選挙区労働党支部の事務局長でもあった。

ブライアン・テナントは再開発後に新たにイズリントンに転入してきた「新イズリントン人」であり、物流と旅行会社のコンサルタントであった。労働党員であり、南イズリントン・フィンズベリ選挙区セント・ピーター区労働党支部事務局長を務め、労働党の南イズリントン・フィンズベリ選挙区総括運営委員会の委員も務めていた。一九七三年に初めてティンデール校の学校理事となり、一九七五年初旬、前理事会会長バーネットが健康上の理由で会長職を退くと、新たに理事会会長に選出された。

ここで名前の挙がった理事たちにはいくつかの共通点がある。事件当時において中堅世代(ほぼ四〇代)、中産階級であり、ボランティアとして地元の教育や福祉事業に関与した経験があり、労働党員である(あった)か、あるいは地域労働党組織と密接な関係がある、といった共通点である。ここでも、学校と激しく対立した理事は保守党ではなく労働党支持者であったというデイヴィス論文の正しさが確認できるが、むしろそうであるがゆえに、理事たちの背景は、なぜ彼らが、政治的には近しいはずのティンデール校の教師陣と全面的に対立することになったのかという問いを改めて提起する。以下では、この五名の理事を中心として、学校理事会と教師の具体的な対立の様相を分析することを試みる。

四、対立

専門職統制vs民主的統制?

ティンデール校において、教師と学校理事のあいだに、はじめから深刻な緊張関係があったわけではない。むしろエリス着任後の最初の学期には、理事と校長および学校教師とのあいだには一定程度の協力・支援関係が存在した。両者の協力関係に亀裂が入る契機となったのは、学校に対する保護者の懸念や不満を受けた理事たちが、教育方法や実践に関わる事柄について、教師陣に何かしらの対応を求めたことであった。

両者の認識や前提の齟齬（そご）は、とりわけ教師の教育実践に対して理事会がどの程度の介入をなしうるか、という争点をめぐって現れた。大部分の教師たちにとって、学校理事会とは教師による学校運営の補完機能を果たすにとどまるべきものであって、そこでの意思決定や承認も手続き的なものにすぎなかった。教育目的やカリキュラム、教育方法に関する決定はあくまでも専門職である教師の専権事項であって、学校理事会はそうした決定に関与する機関ではありえなかった。とりわけ前衛的な進歩主義教育の実践を行っていると自負していたティンデール校教師陣にとって、保護者や学校理事のような「素人」が、教育実践の良し悪しを判断できるはずがなかった。しかし、実際に保護者から悩みや懸念を訴えられた学校理事の側には、あえて専門職の裁量に介入するべき理由や責任が存在した。例えば一九七四年九月一一日の私的会合では、教師はプロであり、プロ以外の誰も彼らの実践を判断する権利はないと主張する校長エリスに対して、理事会会長バーネットは、親はプロではないが、自分の子どもが学校で幸せかどうか、学校を楽しいと感じているかどうかはわかる、教師は親の感情を無視して実践することはできないはずだと反論した[13]。

こうした初期の対立に照準すれば、ティンデール校事件における理事と教師の対立は、学校をめぐる民主主義的統制と専門職支配の葛藤という典型的な問題であると、ひとまずは考えることができるように思われる。そして教科書的な教育行政学の観点からすれば、教師の専門性と対立するのが、保護者や住民の意思やニーズである。しかし、「保護者の懸念を伝える」という初期の穏健な介入の仕方とは異なり、その後の理事たちの振る舞いから浮かび上がる「意思」や「ニーズ」は、きわめて強硬で妥協の余地のない印象を与えるものでもあった。当初、あくまでも親の不安を代弁していたはずの理事たちは、一九七四年末までに、校長エリスを罷免ないし解任するために、学校理事会規約に違反するものも含め、あらゆる手段を模索するようになっていく。一部の理事たちは、他の理事や教師側には内密に学区視学官やＩＬＥＡの官僚と非公式の会合を重ね、エリスの解任や学校の再編の訴えを執拗に繰り返した。彼らが学校理事会の外部で、秘密裡に教育当局と会合を行っていたことは、学校理事会という理念が体現するはずの民主主義的な手続きからの明らかな逸脱であった。また、この秘密の会合の存在それ自体が後に教師たちの知るところとなったことで、教師陣の理事に対する信頼は決定的に損なわれることになった。

さらに対立が深刻化していくにつれて、理事たちは教師たちに対してあからさまな挑発行為やハラスメントを行うようになっていった。その手段は例えば事前約束なしの来校と授業見学であり、これも、最初は些細な行き違いと偶然のトラブルにすぎなかったはずのものが、次第にエスカレートして深刻な対立を招いた。偶然、校長エリスの不在時に理事ギティングスが約束なしで来校して授業を見学したこと、またギティングスが授業を見学した教師が急進的な組合運動を行っていた当局にとっての「要注意人物」[14]であったことが重なり、理事による約束なしの訪問と授業見学は、教師側の強い反発を招くことになった。理事たちは、学校を好きな時に訪れその様子を確認することは理事として当然の「権利」であると考えていた。しかし教師側から見れば、それは非専門家による「視察」の真似事であり、自分たち専門職の実践に対する不当な介入であった。校長エリスが理事たちに対して事前の約束のない学校訪問と授業見学を拒否すると、逆にマーベイやフードレス、テナントといった理事は、教師を挑発し、苛立たせ、あるいは恫喝するために、故意にアポイントメントなしの学校訪問を繰り返すようになった。

こうした振る舞いを繰り返す理事たちの意思が、本当に学校の状況を懸念しその改善を目指したものであったかは疑わしい。一九七五年以降、理事たちは執拗にＩＬＥＡによるティンデール校への完全視察を求め続けたが、その真意は別のところにあったと思われる。実は紛争の初期、ＩＬＥＡ側は教師たちには内密に独自調査を行い、その結果、ティンデール校には一部の規律の乱れはありながらも、完全視察を行うべき深刻な問題は発見できなかったという結果を得ていた。しかし理事たちとの秘密会合の場でＩＬＥＡがこの調査結果を繰り返し説明したにもかかわらず、理事たちは当局による説明を一切受け入れず、同校への完全視察を求め続けた。この場合の完全視察とは、通常の定期的な学校視察とは異なり、何かしらの問題が生じている学校に対して行われるものである。つまり、当局が完全視察を行うことそれ自体が、視察の対象となる学校および教師に対して懲罰的な意味合いを持つものであった。理事たちの学校視察に対する執拗な要求は、ティンデール校の実践を「失敗」であるとし、教師たちを公に辱めようとする意図に裏打ちされていたと考えられる。

さらに、理事たちの真の目的は、当局による完全視察の実施とそれによる教師たちへの「辱め」ですらなかった。理事会と教師の対立が激化した一九七五年の段階では、ＩＬＥＡはティンデール校には完全視察を行うほどの問題があるとは言えないという当初の判断を改めていた。ＩＬＥＡは完全視察を行う用意はあるとしたうえで、その条件として学校理事会による決議と承認を求めた。したがって、学校理事会での決議を経て当局に訴えれば、マスコミへ情報をリークしたり地方政治組織を動員したりせずとも、当局にティンデール校の完全視察を行わせる成算は十分にあった。しかし理事たちの一部は学校理事会における熟議と合意形成という民主主義的手続きを踏まず、外部から教師と教育当局に圧力をかけることを選択した。フードレスは夫ドナルドの政治基盤であるセント・メアリ選挙区労働党支部で、ティンデール校に対してＩＬＥＡに介入を促す動議を提案し、支部の人員を使って秘密請願運動を展開した。また理事によるメディアリークは、守秘義務のある情報をそれと知りながら流す、あるいは明らかに虚偽の内容を伝えるものであり、それが理事としての背信行為であることを認識したうえで為されていた(15)。

理事たちのこうした振る舞いは、彼らの最終的な目的が当局による完全視察の実施や、当局の介入による学校教育活動の改善などではなく、エリス校長以下、自分たちに敵対する学校教師たちの解雇ないし追放であったことを窺わせる。もし学校視察がメディアなどに取り上げられず教育当局内部の手続きに従って粛々と行われた場合には、当局は教師たちの罷免や解雇といった踏み込んだ処置を行わないのではないかと、理事たちは予想していたからである。紛争をスキャンダル化することは、通常の教育行政の手続きのなかで教師たちを処遇させることを阻み、教師たちをメディアバッシングのなかに無理やり引きずり出してスケープゴートにし、いかなる手段を使っても彼らを罷免するために為されたと推測できる。そしてそのためであれば、学校理事としての背任行為や学校そのものへのダメージも無視してしまうことができるほど、理事たちの敵対心は断固としたものであった。

オールド報告書は、ティンデール校事件を「政治的な対立ではなかった」と判断している。確かに教師と理事とのあいだに、党派的なイデオロギー対立や社会階級にもとづく利害対立という側面は見出しにくい。しかし、学校や授業の改善ではなく、あくまでも校長をはじめとする教師陣の罷免や追放を目指し、そのためには学校理事としての背信行為も辞さない理事たちの強い攻撃性や敵対性は、「より良い教育をめぐる対立」に還元して説明するにはあまりにも過剰である。この過剰性は、保守対革新といった粗い対立軸では見えない種類の政治的対立として、より解像度を上げて分析される必要があるだろう。

階級間対立?

実際、注意深く読むならば、「政治的対立ではない」という報告書の結論に反して、記録された理事たちの語りのなかに、政治的・階級的イデオロギーの影を見て取ることはできる。理事たちはティンデール校の教師陣を「学校を破壊しようとする過激派集団」(militant group)(16)「無政府主義的」(anarchistic)(17)「労働者階級の子どもたちは伝統的な方法で教育されるべきではないと考えている左翼教員」(left-wing teacher)[18]と、はっきりと政治的なイデオロギー集団として形容していた。

そしてこうした理事たちの教師評は、歪んではいるもののまったく根拠がないものではなかった。前述したように、ティンデール校の教師たちは、同時代に提唱され始めた新しい教育社会学[19]の主張を支持するラディカル左派であった。一九七〇年代初頭に勃興した新しい教育社会学は、教育が公正な社会移動を促進せず、むしろ階級間の不平等を存続・拡大させてしまう要因を、マクロな政治構造のみならず、学校の組織原理やカリキュラムの階級性といったミクロな過程に求めた。この視角によれば、教育を通じた不平等の拡大再生産は、学校において知がどのように組織化され、そうした知と生徒がどのように関わるのかという具体的な場面を通じて説明される。例えば、会話よりも読み書きによるコミュニケーションを重視し、協同作業やグループワークではなく個人に照準した評価を行い、経験知ではなく抽象的な知識体系を受動的な学習によって獲得するという伝統的なアカデミック・カリキュラムは、学校と類似した文化資本を持つ中産階級出身の生徒にとって親和的であり、そうでない背景を持つ生徒には不利に働く。社会経済的な条件をめぐるマクロな不平等の構造は、学校で誰に何をどのように教えるかというミクロな過程によって生み出され、それを通じて正当化されているのである。こうした知見を摂取したティンデール校の教師たちにとって、カリキュラムや教育方法は「どのように教えればよいか」という狭い意味での教授法の問題ではなく、教育と階級をめぐる政治そのものであった[20]。

教師たちが学校に対する些細なクレームすら「中産階級の親の偏った反応」とみなし、理事たちの要求や抗議を「学校への組織的かつ政治的なハラスメント」「教師の専門性への不当な介入」と解釈してしまったのも、教育をめぐる新しい階級政治の視点を彼らが有していたからであった。しかしこうしたラディカルな思想を持つティンデール校の教師たちは、ＩＬＥＡを支配する労働党の守旧派政治家はおろか、自身が所属するイギリス全国教員組合（NUT）の主流派に対しても、批判的かつ懐疑的な態度を取ることになった[21]。理事たちの攻撃に対して、教師たちは、自分たちではなく学校理事たちの振る舞いこそが視察の対象とされるべきであると反論し、そのために地方教育行政であるILEAではなく、教育科学省による調査が必要であると訴えた。それは、地方教育当局による視察が理事を対象とした調査を想定していなかったことに加えて、彼らがILEAそれ自体に不信を抱いていたためである。教師たちは、ILEAは理事たちと内通する労働党政治家や教育官僚によって支配された「敵側」であると考えていた[22]。

こうしてみた場合、学校理事、教師と地方教育当局という三者間の対立は、教育領域にとどまらず、ロンドン都市部における左派勢力の変容や対立の一部を構成していたと考えられる。ジョン・デイヴィスによれば、一九六〇年代後半から七〇年代にかけてロンドンの左派勢力は急激な変容を経験していた。脱工業化とインナーシティ化によって、製造業者の流出とラディカルな若年層および中産階級の流入という人口変動が生じ、地方公共団体による福祉サービス（とりわけ住宅政策）は低下していたにもかかわらず、ロンドン各区の政治権力は高齢の労働党の守旧派政治家が独占し、旧態依然とした政策を続けていた。こうした状況に対して、コミュニティ単位での直接行動を重視するラディカル左派（インポッシビリズム）と、専門職やホワイトカラーを中心とするネオリベラル左派（トレンディ）がオルタナティヴとして浮上するのが、一九七〇年代の政治風景であった[23]。

同型の対立構造は、ティンデール校事件の関係者のあいだでも明瞭に意識されていたようである。例えば、教師・理事双方の発言において、「トレンディ」という用語は、曖昧だがネガティヴな含意をもって繰り返し現れていた。校長エリスは、「壁にたくさんの気取った絵画が飾られているような「トレンディな中産階級」(trendy middle class)学校は好きじゃない」[24]あるいは「労働者階級のファシストであれ中産階級のトレンディ(middle class trendies)であれ、自分の子どもにしか関心のない親」[25]といった表現で「トレンディ」批判を口にしており、逆に理事フードレスはＩＬＥＡの高位官僚と秘密会合を行う際、彼らから「「中産階級のトレンディ」(middle class trendies)に見られないようにするためには、どんな服を着ていけばよいか悩ましいわね」[26]と、自分たち理事が「トレンディ」と見なされる可能性を認識すると同時に、それを回避しようとしていた。

こうした点を踏まえるならば、ＩＬＥＡという守旧派労働党政治家たちに批判的な新左翼であったという意味では、ティンデール校の教師と学校理事はむしろ同じ側に位置していたと言える。と同時に、校長エリスをはじめとする教師たちは「反トレンディ」として、そしてフードレスら理事は自分たちを「トレンディ」として、自らの政治的立場を認識していたことになる。とするならば、ティンデール校事件の対立を「政治的なものではない」と即断することはできなくなる。両者の葛藤は、学校運営という場を舞台とした、「ラディカル左派／ネオリベラル左派」のあいだのヘゲモニー争いでもあったという可能性を想定することができるだろう。

ネオリベラル左派の勝利からサッチャリズムへ

ここまで本稿は、教師と保護者との教育方法をめぐる対立、あるいは「進歩主義教育の挫折」といった通俗的な解釈を斥け、ウィリアム・ティンデール校事件を教師と学校理事およびＩＬＥＡという三極をめぐる政治的な対立・葛藤の構造として再解釈しようと試みてきた。最後にこうした分析で得られた知見が、後続するサッチャリズム、あるいはイギリスにおける新自由主義的教育改革とどのような関係にあるのかという見通しを、仮説的に示しておきたい。

ティンデール校事件において激しく対立した教師と学校理事はともに、教育当局や全国教員組合という既存の権威・制度に恭順せず、それぞれのやり方で主体性(エージェンシー)を発揮したと言えるだろう[27]。向かうベクトルは異なるが、ともに官僚制(ＩＬＥＡ)への不信を抱き、「公教育の権限移譲」「地域コミュニティの学校参加」を是としたという点では、両者の思想や政治的立ち位置が類似・共振していたことも見逃せない。しかし後の時代から振り返ったとき、ティンデール校事件において理事たちが教師だけではなく、ＩＬＥＡにも――不当かつ不法な手段を使ってであれ、とくにメディアを中心としたパブリック・イメージの次元において――勝利したことは重要な意味を持つ。「ラディカルな教師たちの暴走と、それを抑えることができなかった前例主義的で硬直的なＩＬＥＡ」というティンデール校事件のイメージは、教員（組合）と地方教育当局の双方を、専門性を騙り（かた）ながらも実際には実務能力を欠如した者たち、社会的公正を訴えながらも実は単なる既得権益の受益者にすぎない者として表象することを可能にした。そしてこの歪曲されたイメージこそ、新自由主義教育改革を推進する資源として最大限に利用されることになったからである。

短期的には、こうした資源を首尾よく利用することに成功したのは労働党右派であった。冒頭で触れたキャラハンのラスキン演説は、この意味でまさに機を見るに敏であり、保守派からは、それ以前に自分たちが展開していた教育批判（教育黒書運動）をキャラハンが「盗用しようとしている」とすら受け止められた[28]。しかし、福祉国家体制の枠内で教育を通じた機会の平等を支持する教育当局と、福祉国家を批判しラディカルなオルタナティヴを提示しようとしていた教師の双方を「（誤った）進歩主義の信奉者」「硬直した専門家集団」として批判するという戦略は、サッチャー率いる保守党が政権に返り咲いて以降、はるかに攻撃的な仕方で右派に再横領されることになった。ティンデール校事件における理事（ネオリベラル左派）の勝利が教育領域におけるサッチャリズムの呼び水となったのは、まさにこの点にあると考えることができるのではないか。

おわりに

教師と地方教育当局がティンデール校事件において敗北し、その敗北がラスキン演説によって政治的に利用されたことは、イズリントンという一地域を超えて、後のイギリス教育の歴史に全般的な影響を及ぼすことになった。それは、長らく教育政策の基調であった社会民主主義的な理念が放棄されたというだけではない。最も重要な変化は、教育政治と政策決定をめぐる権力構造の転換として生じた。この点に関して、ロイ・ロウは次のような卓見を示している。通説では、一九七〇年代の労働党政権において学校・地方教育当局に対する国家(教育科学省・視学局)の権限が強化されたと考えられているが、それは解像度の低い議論であり精確な理解ではない。実際には、首相官邸などの高次の政治権力が教育官僚や専門家の頭越しに教育政策を立案するようになり、教育科学省や視学局は政策立案能力を削がれ、政策の執行機関、下請け機関となったというのである[29]。そしてロウによれば、こうした権力構造の変容のなかで「真の敗者」となったのが、「パートナーシップ」を解消され教育行政の末端に位置づけられた地方教育当局と教師であった。

しかしロウ自身が指摘しているように、一九七〇年代における「教育の荒廃」言説のほとんどが経験的・実証的な根拠を欠いた印象操作にすぎなかったのであれば、むしろ逆向きの因果関係を想定することができるだろう。すなわち、教育専門職や教育官僚に対して政治権力が優越するような権力構造を新たに創出するためには、政治権力とは独立した権威を構成する専門家集団を徹底的に否定・排除しなければならなかったのであり、そのためにはたとえ経験的で実証的な根拠がどれほど乏しかろうと、現在の教育は危機にあり、その責任を帰すべきは教育専門家たちであるというナラティヴを創出することが必要不可欠であった、と解釈すべきではないだろうか。ティンデール校事件は、一九七〇年代における教育の荒廃を象徴する事件として繰り返し語られる一方、事件の詳細に対する検証はほとんど行われなかった。とりわけハラスメント、示威行為、背信、規則違反といった理事たちの様々な違反行為について、オールド報告書がその子細を明らかにし理事たちの実名を挙げて強く批判していたにもかかわらず、メディアにおいても、また教育科学省などの中央教育行政においても、理事たちへの問責や批判はなされなかった。このことは同事件をめぐる言説が、教育専門家たちに「真の敗者」の役割を当て続けることで、教育政治における権力の組み換えの一部として機能していることを示唆する。

そしてこうした政治が機能するあり様は、イギリス教育改革を礼賛し、それに無批判に追従してきた日本の教育言説にも見出すことができる。教育改革ナラティヴを無批判に受け入れたのは、サッチャーによる教育改革を「教育正常化への道」として礼賛した保守派だけではなかった。日本の教育学者たちの少なくない部分は、サッチャーによる教育改革に対してはその行き過ぎや欠陥を指摘しながらも、ニューレイバーによる教育改革に対してはそれを「新しい社会民主主義」にもとづく教育政策として好意的に理解しようとしてきた。そして保守派と同様に彼らの議論においても、ラスキン演説に代表される教育改革ナラティヴは、何ら反省的な検証が加えられることなく無批判に受容され反復された。仮にサッチャー教育改革への評価が異なっていたとしても、一九七〇年代のイギリス教育を「進歩主義教育の行き詰まり」による「教育荒廃」として解釈し、それゆえ「新自由主義改革の他に道はなかった」とする教育改革ナラティヴに加担し続けているという点で、両者には対立点よりもむしろ共通点を指摘することができるだろう。

ウィリアム・ティンデール校事件は、エリス校長をはじめ多数の教師たちを懲戒免職させ、教職上のキャリアを挫いた。他方で理事たちは、イギリス最大のボランティア推進団体であるコミュニティ・サービス・ボランティアズの業務執行取締役を務め、二〇〇四年に大英帝国勲章第二位のデイム・コマンダーを受賞したエリザベス・フードレスを筆頭に、事件後も教育・福祉・医療・環境等の領域で市民活動を継続した。彼らの経歴が紹介される際には、「ウィリアム・ティンデール校事件において、偏向教師と果敢に闘い学校理事としての責務を果たした」という賞賛の辞が付いて回ることから鑑みても、学校理事たちに関する限り、ウィリアム・ティンデール校事件は彼らの業績に箔をつけることはあれ、その後のキャリアの支障にはならなかったようである[30]。

教師たちのその後は杳として知れないが、ドロシー・マコーガンに関しては、その後の消息がわかっている。マコーガンはティンデール校事件により免職、その後はピアノ教師として生計を立てつつ、一貫して社会主義者として活動を続けた。一九八二年に結成されたオールダー・フェミニスト・ネットワークなどを主要な場としてフェミニストとしても活動し、音楽と映画と演劇を愛した。二〇一三年、マコーガンは九〇歳でその生涯を閉じた[31]。

（1）梶間みどり「イギリスの学校改革から何を学ぶか――自律的な経営とパートナーシップ」『BERD』No. 2、Benesse 教育研究開発センター、二〇〇五年。

（2）中西輝政監修『サッチャー改革に学ぶ教育正常化への道――英国教育調査報告』ＰＨＰ研究所、二〇〇五年。

（3）David Crook, "Politics, politicians and English comprehensive schools", *History of Education*, 42(3), 2013.

（4）ロイ・ロウ、『進歩主義教育の終焉――イングランドの教師はいかに授業づくりの自由を失ったか』山崎洋子ほか訳、知泉書館、二〇一三年、一三六頁。〔　〕内は筆者、以下同。

（5）Robert A. Doherty, "Education, neoliberalism and the consumer citizen: after the golden age of egalitarian reform", *Critical Studies in Education*, 48(2), 2007.

（6）イギリスの公立小学校は、四歳から七歳までを対象にした Infant School と、七歳から一一歳までを対象にした Junior School とが姉妹校として併設される場合が多い。ティンデール校の場合も、二種類の学校が併設され別々の校長と教員が配置されていた。定訳があるわけではないが、本稿では Junior School を「小学校」、Infant School を「幼児学校」と訳して両者を区別する。

（7）梶間前掲論文のほか、例えば、John Gretton and Mark Jackson, *William Tyndale: Collapse of a School - or a System?* ([A 'Times Educational Supplement' special]), Allen and Unwin, 1976; Kathryn A. Riley, *Whose School Is It Anyway?*, Falmer press, 1998 など。逆に、当事者であった教師の側からの事件の総括と自らの正当性を主張するものとして、Terry Ellis, Jackie McWhirter, Dorothy McColgan and Brian Haddow, *William Tyndale: The Teachers' Story*, Writers and Readers Ltd; 1st edition, 1976 参照。

(8) John Davis, "The Inner London Education Authority and the William Tyndale Junior School Affair, 1974–1976", *Oxford Review of Education*, 28(2), Jun. - Sep. 2002.

(9) ILEA, *William Tyndale Junior and Infants Schools Public Inquiry: A Report to the Inner London Education Authority by Robin Auld, QC*, ILEA, July 1976.

(10) Education Act 1944, Section 17–18.

(11) ティンデール校理事会は、一九名の委員から構成されていた。まず、内ロンドン教育当局が任命する理事が七名、またロンドン大学教育学部が任命する理事が一名。保護者の選挙によって選ばれる保護者理事二名(幼児学校・小学校各一名)、教員同士の選挙で選ばれる教員理事二名(幼児学校・小学校各一名)、職務上理事として校長二名(幼児学校・小学校各一名)、そしてロンドン・イズリントン区が任命する理事五名である。

(12) 五名のうち、フェアウェザーはイズリントン区によって任命された理事、それ以外の四名は内ロンドン教育当局から任命された理事であった。

(13) ILEA, *op. cit.*, ss. 514.

(14) ギティングスが授業を「見学」した教師ドロシー・マコーガンはラディカル派の組織である北ロンドン教師連盟(North London Teaching Alliance)代表で、校長と教育当局に権限が集中していた学校運営を批判し、一般教員の参加や関与を求める運動を展開していた。一九六九年にマコーガンは内ロンドン教育当局と衝突、その後も和解に至っておらず、その件により界隈では名の知られていた教師であった(Telly Ellis, Jackie McWhirter, Dorothy McColgan and Brian Haddow, *William Tyndale: The Teacher's Story*, p. 19)。

(15) 一九七五年七月二日にロンドン市庁舎において、ティンデール校の臨時学校理事会が開催された。これは教師と学校理事との対立を調停しようと、教育当局によって設定されたものであった。しかし理事たちはあらかじめ『タイムズ』の教育通信係と接触、翌二日に記事が出るようにすでに手はずを整えていた。つまり会合でどのような結論が出ようとも、理事たちは情報をリークするつもりでいたことになる。そして実際に掲載された記事は、理事たちの主張が一方的に展開されるものとなった。それは、理事会会長テナントによる「学校理事会制度という概念そのものが攻撃されている」という主張にはじまり、理事による学校訪問が教師陣によって拒否されたことを述べ、さらに「事前に了承されていた教室訪問を校長が拒否した」という明らかに虚偽の説明がそのまま掲載された。続いてティンデール校の生徒数の減少に触れ、その理由は「労働者階級は伝統的な方法で教育されるべきではないと考えている左翼教員によって子どもたちが教えられている」と考える親の懸念によるものだと報じた(Tim Devlin, "Teachers refuse to let managers into school classrooms for inspection", *Times*, 2 July 1975, p. 2. The Times Digital Archive, http://tinyurl.gale.com/tinyurl/Bsef22, Accessed 9 Oct. 2019)。また、学校ストライキの最中である九月二九日、テナントが議長となって特別学校理事会が招集され、これにはエリスとハドウも参加した。理事会ではいくつもの動議と決議がなされたが、これらの決議の内容は、テナントによってすぐさま『ガーディアン』にリークされた。これは教師や学校の懲戒手続きに関する情報を守秘するという理事の責任を完全に無視した振る舞いであった。

(16) 一九七四年九月二〇日、理事マーベイの発言、ILEA, *op. cit.*, ss. 531.

(17) 一九七五年六月一六日、理事テナントの発言、ILEA, *op. cit.*, ss. 710.

(18) Tim Devlin, "Teachers refuse to let managers into school classrooms for inspection", *Times*, 2 July 1975, p. 2. The Times Digital Archive, http://tinyurl.gale.com/tinyurl/Bsef22, Accessed 9 Oct. 2019. 学校理事たちによるリーク記事であり、これも理事による教師評と見なしてよい。

(19) 新しい教育社会学の代表的な研究としては、M. F. D. Young (ed.), *Knowledge and Control: New Directions in the Sociology of Education*, London: Collier-Macmillan, 1971 を参照。

(20) 「弱い家庭背景を持つ子どもたちに手厚く教育を行う」という観点から見た場合には、ティンデール校の教育は、失敗どころかむしろ「成功」していたと考えることさえ可能である。というのも、オールド報告書に記載された中等教育入学試験の結果によれば、一九七四年と一九七五年の結果を比較した場合、平均以上の成績を収めた生徒の割合は著しく減少している(16.4%→2.1%)が、平均的な成績の生徒は増加(54.1%→76.6%)、平均以下の成績の子どもは減少(29.5%→21.3%)しているからである(ILEA, *op. cit.*, ss. 851.)。一九七四年中に同校から七〇名以上の子どもが転校しているが、もしこの転校した子どもたちが比較的恵まれた家庭出身の、「平均より成績の良い」子どもたちであったとすれば、むしろティンデール校は残された「弱い立場の子ども」の学力の底上げに、一定程度成功していたとすら言える。もっとも、一九七四年と七五年のテストが同程度の難易度なのか、あるいは難易度が異なる場合に得点の調整が統計学的に適切なやり方でなされているのかは不明であり、両者を単純に比較することにはさまざまな問題があり得るが、少なくともこの結果をもってティンデール校の子どもたちの学力が低下していたとは結論できない。

(21) 教員組合内のセクトとしては、一九六八年以降、「ランク・アンド・ファイル」(Rank and File)と呼ばれるセクトが台頭する。イギリス全国教員組合(ＮＵＴ)内部に組織化された少数派で、教員の給与・労働条件改善のためストライキも辞さないラディカルな立場を標榜した。政治的には、社会主義労働者党へと至る国際社会主義・マルクス主義(トロツキスト)を支持。地方教育当局とはもちろんＮＵＴ執行部とも対立的だったが、イズリントンを含む北ロンドン地域では活動が活発化した(Roger Victor Seifert, "Trade Union Government and Membership Participation: A Study of the National Union of Teachers", unpublished PhD. thesis, University of London, 1980)。ティンデール校教師で明確に「ランク・アンド・ファイル」であることを標榜していたのはマコーガンのみだが、ＮＵＴが正式に採用した方針ではない賃上げのための一日ストライキ運動に協力するなど、ティンデール校教師陣は親「ランク・アンド・ファイル」派であった。また、同校を最後まで支援した教員集団は「ランク・アンド・ファイル」が支配する北ロンドン教師連盟であった。

(22) 「学校と激しく対立した」とオールド報告書で名指しされた五名の理事のうち、四名がＩＬＥＡから任命された理事であったことを想起されたい。

(23) John Davis, “Community and the Labour left in 1970s London”, in Chris Williams and Andrew Edwards (eds.), *The Art of Possible: Politics and Governance in Modern British History, 1885–1997: Essays in Memory of Duncan Tanner*, Manchester University Press, 2015.

(24) 校長エリスの発言' ILEA, *op. cit.*, ss. 278.

(25) エリスの発言' ILEA, *op. cit.*, ss. 514.

(26) 理事フードレスの発言' ILEA, *op. cit.*, ss. 629.

(27) これを民衆的個人主義のひとつのあらわれと見なすことができるかもしれない。以下を参照。Emily Robinson, Camilla Schofield, Florence Sutcliffe-Braithwaite and Natalie Thomlinson, “Telling Stories about Post-war Britain: Popular Individualism and the ‘Crisis’ of the 1970s”, *Twentieth Century British History*, 28 (2), 2017.

(28) Stephen J. Ball, *The Education Debate*, Policy Press; 3rd edition, 2018, p. 83.

(29) ロウ前掲書、一三五—一三六頁。

(30) Alison Benjamin, “Interview: The mother of ‘big society’: Dame Elisabeth Hoodless, the executive director of the volunteering charity CSV, tells David Cameron how to transfer power to the people”, *The Guardian*, 26 May 2010 (https://www.theguardian.com/society/2010/may/26/elisabeth-hoodless-volunteer-public-services).

(31) Barbara Hillier, ‘Dorothy McColgan obituary’, *The Guardian*, 2 Jan. 2013 (https://www.theguardian.com/theguardian/2013/jan/02/dorothy-mccolgan-obituary).

第3章 ライフヒストリーからみたウーマンリブ運動
――オルタナティヴな女性コミュニティの希求

梅垣千尋

はじめに

一九七〇年代を彩った社会運動のひとつに「ウーマンリブ運動」がある。英語では Women's Liberation Movement といい、「女性解放運動」とも訳されるが、本稿ではこの時代特有の現象を示すものとして、あえて「ウーマンリブ」という和製英語を用いることにする。イギリスでウーマンリブ運動が盛り上がったのは一九七〇年代前半のことで、第一回ウーマンリブ全国会議（カンファレンス）は七〇年二月二七日から三月一日にかけて、最後の第一〇回は七八年四月七日から九日にかけて開催された。この運動が終焉に向かうのと同じころ、イギリスの政治的リーダーとして台頭したのがマーガレット・サッチャーである。七五年二月一一日、サッチャーは当時野党であった保守党で女性初の党首に選出され、七九年五月四日の総選挙での勝利によって、イギリス史上初の女性首相就任を確実なものとした。

このサッチャーとウーマンリブの関係をどのように捉えたらよいだろうか。時系列的にみれば、女性運動が大きな盛り上がりをみせたのち、その幅広い下支えのもとで初の女性首相が誕生したというシナリオを描きたくなるかもしれない。しかし残念ながら、両者の関係はそれほど単純なものでも麗しいものでもない。サッチャーはウーマンリブを嫌っていたし、ウーマンリブの活動家たちもサッチャーのことを嫌っていた。当然のことながら、女性同士であるという理由だけでお互いに理解し合えるとはかぎらない。

まずはサッチャーの言い分を聞いてみよう。まだ庶民院議員全体の女性割合が五%にも満たない時代のこと、女性議員として何かと注目されていたサッチャーは、一九七一年六月の地元紙でウーマンリブについて問われ、「女性らしいものすべてを破壊し」、「女性全般にとって迷惑」なので、「まったく賛同しない」と言い切った。また首相就任後の八二年一二月には、ある子ども向けのテレビ番組で「ウーマンリブについてどう思いますか?」と聞かれ、「好きではない」と即答した。「私たちのほとんどはウーマンリブなしに人生における自分の地位を築いていると思う」から、「ウーマンリブはキーキーやかましく実際にはどうでもいいことに集中していて、女性らしくない」から、というのがその理由であった。[1]

ほかの発言録とも併せて考えると、サッチャーがウーマンリブに賛同できなかった理由は次の二点にまとめられる。第一に、人は男性であれ女性であれ、個人としての「能力」を高めてそれぞれの「地位」を築くべきであると考えるサッチャーからすれば、「女性」という集団を立ち上げて、自分の不遇の原因をより大きな社会の問題に転嫁するのはお門違いも甚だしかった。「社会などというもの」は存在しないという新自由主義的発想のもとでは、[2]大きな集団に頼ること自体が「弱さ」のあらわれなのである。

第二に、家庭道徳に根ざした「ヴィクトリア朝的価値」を重んじるサッチャーからすれば、性別役割分業に異議を申し立てるウーマンリブの主張は、伝統的なジェンダー秩序を脅かすものにほかならなかった。女性が子育てに専念することは賞賛されて然るべきであり、ウーマンリブは、そうした家庭内の役割を引き受ける女性の「選択」を否定するものであるともみなされた。[3]じつはサッチャー自身が政治という男性的領域に参入するなかで、しばしば「女性らしくない」と批判されていたことを踏まえると、これは自分に貼られたレッテルを別の対象にそのままなすりつけるような批判の仕方であったともいえる。

さて、それではこうしてサッチャーによってスケープゴート化されたウーマンリブとは、果たしてどのような運動であり、一九七〇年代当時、その担い手たちはこの運動に何を求めたのだろうか。本稿ではもっぱら当事者のライフヒストリーに迫ることで、この運動が当時もっていた可能性を探りたいと思うが、具体的な問題設定を行う前に、まずはこの運動の展開とその特徴を確認し、近年の研究動向を概観しておくことにしよう。

一、イギリスのウーマンリブ運動

ウーマンリブ運動の展開[4]

〈①前史――六〇年代〉

同時代のほかの多くの社会運動と同じく、ウーマンリブ運動も一九七〇年に入ってから突如として盛り上がったわけではない。六六年の「全米女性機構」（ＮＯＷ）の創設にみられるアメリカのウーマンリブの動きは、さほどの間を置かずイギリスに伝わった。ベティ・フリーダンの『女らしさの神話』（一九六三年）も多くの読者を獲得した。だが国内に視野を限れば、精神分析学者のジュリエット・ミッチェルが『ニューレフト・レヴュー』に寄せた「女性――もっとも長い革命」（一九六六年）のほうが、影響力は大きかったといえるだろう。この論文はエンゲルス、ボーヴォワール、アルチュセールなどの理論を用いながら、資本主義社会における女性の「抑圧」の構造を解き明かすものだった。[5]

こうした知識人層のあいだの動きとはまったく別の次元で、六八年にはアメリカに本社を置く自動車製造会社フォードのダゲナム工場で働くミシン工の女性たちが、男性熟練労働者との賃金の不平等に抗議してストライキを起こした。この労働争議は、当時政権を握っていた労働党の雇用生産大臣バーバラ・カースルの介入もあって成功裡に終わり、七〇年の男女同一賃金法の成立につながることになる(その経緯は、映画『ファクトリー・ウーマン(Made in Dagenham)』(二〇一〇年)で描かれている)。

〈②高揚期——七〇年代前半〉

アメリカのウーマンリブ運動では「コンシャスネス・レイジング」(CR)、つまり「個人的なもの(パーソナル)」と思われた問題が、じつは男女不平等な社会の構造によって引き起こされているという気づきにいたる少人数での語り合いの活動がよく知られていたが、この手法を試みるイギリスの女性たちも少なくなかった。一九六九年の時点で、ロンドンだけで七〇ほどのCRグループが存在したといわれている。[6] 七〇年に開かれた第一回ウーマンリブ全国会議については、あとで経緯を詳しく述べるが、オクスフォード大学ラスキン・カレッジ(労働者のための成人教育機関)が会場となっていたことに示されるように、もっぱら左翼的な政治文化のなかにいた女性たちが運営の中心を担い、そこにCRをはじめ、各地でさまざまな取り組みをしていた女性たちが合流するかたちをとった。

同年一一月には、この会議の参加者の一部がロンドンのロイヤル・アルバート・ホールで開かれていた「ミス・ワールド」という美人コンテストの妨害活動を行い、その様子が生中継でテレビ放映された。ウーマンリブが全国的に知られるようになったのはこのときである(この出来事は、映画『彼女たちの革命前夜(Misbehaviour)』(二〇二〇年)で取り上げられている)。その後、毎年のように開かれた全国会議では、①「同一労働同一賃金」、②「男女平等な教育機会と就業機会」、③「必要に応じた無料の避妊と中絶」、④「無料の二四時間保育」(以上は第一回で発議され、半年後スケグネスで開かれた第二回で承認)、⑤「すべての女性の法的・経済的自立」、⑥「自己定義したセクシュアリティへの権利」（以上は一九七四年にエディンバラで開かれた第六回で承認）といった要求が決議された。会議の参加者数は三〇〇〇人を超えることもあった。[7] ローカルな場でも多様な団体が生まれ、たとえば、七一年にはロンドンのチズィックで「女性救援（エイド）センター」というDV被害者の避難所が、七三年にはブリクストンで黒人女性グループが活動を開始した。出版活動もさかんで、七二年には『スペア・リブ』や『レッド・ラグ』といった雑誌が創刊され、七三年には「ヴィラーゴ」というフェミニスト系出版社が立ち上がった。

〈③ 退潮期――七〇年代後半〉

一九七五年には、男女同一賃金法の厳格化（法遵守の義務化）や性差別禁止法の制定など、労働現場における男女平等を推進するための法制度が整備された。その一方で、バックラッシュの動きもみられ、ウーマンリブはこれにたいする押し戻しを展開することになる。たとえば、すでに六七年に合法化されていた妊娠二八週までの中絶にたいして一定の制限を課す法案が議会に提出されたため、七五年にはこの動きに抗議する「全国中絶キャンペーン」が始まった（結果的に、この法案の通過は食い止められた）。

しかし、七〇年代半ばからは次第に運動内部での立場の違いが顕在化する。亀裂が決定的となったのは、七八年にバーミンガムで開かれた第一〇回全国会議であった。この会議では運動の七つ目の要求として、「男性の暴力による脅威からの自由」という項目の追加が決議されたが、これを①～⑥の要求の前提として位置づけ直すべきであるとする分離主義的（レズビアンを中心とし、男性にたいして排他的）なラディカル・フェミニストたちと、それに反対する社会主義フェミニストたち（第一回から運営の中心を担い、多くは男性のニューレフト活動家とパートナー関係を結んでいた異性愛女性）の対立が先鋭化した。七〇年代末には、非白人の移民女性たちを組織化する動きも地域レベルでみられたものの、バーミンガムの会議での分裂後、全国規模での運動は困難となった。

運動の特徴と近年の研究動向

このような経緯を辿ったイギリスのウーマンリブ運動は、とりわけ有名なアメリカのそれと比較すると、次の三点の特徴をもっていた。

第一に、当時二〇代の若者であった白人の中産階級の女性たちが運動の主軸を担っていたことである。アメリカでは一九二一年生まれのフリーダンのように、中年期に差しかかる世代の女性が高学歴の専業主婦たちの鬱屈を言語化して運動が盛り上がったが、イギリスでウーマンリブ全国会議の運営に関わった女性の大部分は、先述のミッチェルを含めて一九四〇年代生まれの学生や研究者の卵であった。

第二に、六〇年代から活発化していたニューレフト運動との結びつきと、そこから派生する歴史研究との関わりの深さである。もともと第一回のウーマンリブ全国会議は、『ニューレフト・レヴュー』の編集を務めていた歴史家のラファエル・サミュエルが六六年に始めたヒストリー・ワークショップという労働者教育の場の延長線上で、「女性史」について学ぶ機会として開催されたものだった。[8] こうした経緯から、七〇年代初頭のウーマンリブの主要な活動家たちの多くは社会主義フェミニストを名乗り、そのなかにはのちに女性史やジェンダー史のパイオニア的な研究者になる女性たちもいた。

第三に、序列をもうけない非公式な組織原理を意図的に採用していた点である。男性中心のニューレフト運動にみられた序列や権威性を嫌って、イギリスのウーマンリブはアメリカのNOWにみられたような全国規模のリーダーや委員会を置かず、あくまでもローカルな草の根レベルでの活動を重視した。運動全体の輪郭が曖昧になったゆえんである。全国会議そのものでさえ、最終的に何が決議されたのかを示す公式の記録は存在しない。[9]

さて、このような特徴は、イギリスのウーマンリブ運動に関する歴史研究のあり方をある程度まで規定することになる。二〇一〇年代ごろから活況を呈しつつあるウーマンリブに関する研究[10]のなかでとくに注目すべき点として、次の二つをあげておきたい。

第一に、当時の活動家たち自身による個人的な語りの記録を用いた研究が多い点である。もともと「個人的なことは政治的」というスローガンやＣＲの活動にみられるように、運動の担い手たちは女性の問題を理論化する上で、みずからの個人的な経験をほかの人びとと共有するのにやぶさかではなかった。一九九〇年ごろまでにこの種の記録は、活動家たちの自伝的著作を含めて複数出版されていたが、関係者が高齢になると、より若い世代の研究者がオーラルヒストリーの手法を用いた聞き取り調査に乗り出すようになった。なかでも大規模だったのが、二〇一〇年から一三年にかけて行われた「シスターフッドとその後」プロジェクトである。これはサセックス大学と大英図書館が共同で進めたインタビュー調査で、ウーマンリブの「主要な活動家」六六名（うち六人は男性）による詳細なライフヒストリーの語りが記録として残された。[11]二〇一九年刊行の総括的な著書をはじめ、[12]このインタビュー史料を用いた多くの個別研究がその後、続々と発表されている。

第二に、運動の非公式性を反映して、ウーマンリブの担い手の多様性を明らかにする研究が目立つ点である。これは、運動であれ研究であれ、近年のフェミニズムにおいて「差異の交差性（インターセクショナリティ）」が重視されるようになってきたことと無関係ではない。一九七〇年代のイギリスのウーマンリブについては、従来「白人」かつ「中産階級」の「ロンドン中心」の「異性愛者」の「女性」たちによる運動であったというイメージが強かったが、近年の研究では、人種や階級や地域やセクシュアリティや性別において、かならずしもこのステレオタイプに当てはまらない人びとも運動に加わっており、そのなかでさまざまな緊張関係が生まれていたことが明らかにされている。たとえば、白人以外の女性たちからの批判とそれへの対応の難しさを扱った研究や、社会主義フェミニストと労働者階級女性とのあいだの複雑な関係に光を当てた研究があり、[13]さらにはスコットランドでの運動や、レズビアンや男性の参加者に焦点を合わせた研究も進んでいる。[14] これらにより、ウーマンリブがけっして一枚岩の運動ではなかったことが、現在では共通理解になりつつある。

二、世代論的にみたウーマンリブ運動

一九四〇年代生まれの女性たち

サッチャリズム前夜の〈民衆的個人主義〉を、福祉国家と新自由主義のはざまに生きた人びとの姿から析出する――。こうした本論文集の趣旨に則って本稿がねらいとするのは、ウーマンリブ運動をもっぱら世代論的な切り口から捉えることである。すなわち、この運動のおもな担い手が一九四〇年代生まれの女性たちであったという事実に注目し、ウーマンリブが戦後のイギリスのどのような歴史から引き起こされたのかを考えてみたい。

それでは、四〇年代生まれの女性とはどのような独特の経験をした世代だったのか。先行研究で指摘されるのは、この世代の女性が、女性の生き方をめぐるイギリス社会の大きな転換のなかで成長したという事実である。八〇年代初頭の時点ですでに彼女たちを指して、「移行期に属する独特な世代」、「ブレイクスルー世代」といった表現が用いられていたことは、その端的な証左となる。[15] より具体的に、その経験の中身を追っていこう。

彼女たちが幼少期を送ったのは、戦後における生活水準の上昇とアトリー政権下での福祉国家体制の整備によって、人びとが大きな安心感をもって暮らしていた五〇年代であった。女の子の場合、とくに四四年教育法(バトラー法)によって、大学進学を見込んだグラマースクールへの入学が一一歳での試験(「イレヴン・プラス」)の結果次第で保障されたことの意味は大きかった。もっとも、七〇年代半ばになっても男女を合わせた大学進学率は七%で、うち女性は三〇%にすぎなかったから、[16] 社会全体でみた場合、大学に入学した女性が圧倒的に少数であっ

たことには変わりがない。しかし、女性にもそのようなキャリアが開かれているという事実のもつ象徴的な重みは軽視されるべきではない。教育機会の拡大をはじめ、戦後の福祉国家体制のさまざまな恩恵に与ったことから、三〇年代末から五〇年代初頭までに生まれた女性のことを「福祉国家世代」と呼ぶ研究者もいる。[17]

さらに彼女たちが青年期に差し掛かった六〇年代は、個人主義化、世俗化、若者の対抗文化（カウンター・カルチャー）の開花などの新たな現象がみられ、伝統的な価値観が大きく揺さぶられた時代であった。「許容する社会」の出現とも「表現革命」の時代ともいわれるが[18]、とくに若い女性にとって重要だったのは、六一年の経口避妊薬（ピル）の解禁（当初は既婚女性限定だったが、六七年から規制撤廃）と、先に触れた六七年の人工妊娠中絶法の制定である。これにより性行為と生殖は必ずしも一体のものとはみなされなくなり、「性の解放」という言葉が躍ったように、自由に性を謳歌する若者たちの姿が注目を集めた。結婚件数の多さをみれば、若い女性の大部分が婚姻関係からの自由を求めていたとは考えづらいものの[19]、法律の面でも医療の面でも女性の性的自己決定を可能にする環境が整ったことの意味は大きい。

つまりやや図式的にいえば、四〇年代生まれの女性たちは、限られた教育機会のもとで家庭中心の生活を送っていたそれまでの世代とは異なり、女性としての制約をより受けずに自分の人生を切り開く可能性を手にしたということである。歴史家のリン・エイブラムスは、この変化を「「家庭のつくり手（ホーム・メイカーズ）」から「自己のつくり手（セルフ・メイカーズ）」への旅」と表現している。[20]

運動の「外」にいた同世代女性たち

さて、このようにして四〇年代生まれの女性たちは、たしかに戦後のイギリス史において過去に例をみない経験をした世代であった。ウーマンリブの活動家たちの多くがこの世代に属していたのは、なるほどその革新性ゆえだろうと納得しそうにもなる。とはいえ、この世代の女性がみなこぞってウーマンリブに共鳴していたと考えるのはナイーヴすぎる。むしろウーマンリブを否定的にみていた女性たちのほうが同世代でも多数派であったと考えたほうが、より公平な見方になるだろう。先述の「ミス・ワールド」の妨害活動がそうだったように、大手メディアはウーマンリブの活動家を「ブラジャーを燃やす女性たち」、「アンチ男性」といった奇異かつ滑稽なイメージで伝えていたからである。同世代のうち、何%の女性がウーマンリブを支持していたのかといった量的調査はもはや不可能であるが、関連する先行研究をもとに、まずは運動の「外」にいた四〇年代生まれの女性たちの声に耳を傾けてみよう。

労働者階級の女性は、概してウーマンリブ運動にたいして冷淡であった。原因としては、活動家たちの「頭でっかち」な主張にたいする違和感の強さや、自身が女性として家庭内の役割を十全に果たしていることにたいする誇りがあげられる。たとえば、現代史家のフロレンス・サトクリフ＝ブレイスウェイトとナタリー・トムリンソンは、四〇年代生まれを多く含んだ約一〇〇名の労働者階級の女性たちへのインタビュー調査をもとに、彼女たちがマスメディアによって広まったウーマンリブのステレオタイプを受け入れ、この運動に拒否感をもっていたことを明らかにした。それによれば、彼女たちはウーマンリブの主張を、伝統的な女性らしさを否定し、女性の「特権」を拡大して男性を「下」に置こうとするものであると捉えており、他方で、みずからは女性に求められる家事や育児といった役割を積極的に引き受けつつ、家庭内で夫と平等な発言権をもつことを重視していたという。[21]

労働者階級出身で大学に進学する女性も少数ながら存在したが、やはり彼女たちもウーマンリブに完全に共鳴することは難しかったようである。たとえば、のちに歴史研究者となる一九四七年生まれのキャロライン・スティードマンは、サセックス大学に在籍していた六〇年代末から七〇年代初頭を回想して、自分自身は「疎外され羨望を抱きながら、私の世代の政治的風潮をただ突っ立って眺めていた」と述べている。「解放の政治」にたいして「とくに距離を感じていた」という告白もあるように、集団で行う運動によって「解放」がもたらされるという想定そのものがどうにも腑に落ちなかったのかもしれない。[22]

中産階級の女性の大部分にとっても、政治的な運動に加わることのハードルは高かったらしい。たとえば、先述のエイブラムスがオーラルヒストリー調査を行った二五名の「長い一九四〇年代」生まれの中産階級女性のうち、ある女性はウーマンリブにたいする後ろめたさを口にしている。それによれば、自分自身は大学で教育を受け、女性でありながら好条件の職に就くことができたが、当時ウーマンリブについてはその存在を知りつつも、ただ「通り過ぎた」だけだった。それは、みずから戦わずして運動の恩恵を享受したことに等しく、自分は「おそろしく利己的」だったという。[23] つまり、振り返ってみればウーマンリブの主張が女性全体の生き方を変える画期的な意味をもっていたと理解しつつ、当時は運動にたいして見て見ぬふりをしてしまったということである。

このように断片的ではあるが、運動の「外」にいた四〇年代生まれの女性たちの声を拾っていくと、彼女たちがウーマンリブに自己同一化できなかった理由として、次の二点が浮上する。すなわち第一に、この運動が家庭内の女性の役割を否定していると考えられた点であり、第二に、そうした主張を集合的な行動によって広げる実践として捉えられた点である。じつはこの二点は、冒頭で触れたサッチャーの理解とほぼ重なっている。逆にいえば、サッチャーはこうしたサイレント・マジョリティの声を掬い上げていたわけである。

運動の担い手たちの特殊性

以上のように、より広い視野からウーマンリブ運動を相対化してみると、その活動家たちがどれほど特殊な存在であったのかがより明確になるように思われる。同世代の女性の大部分が、家庭内での女性固有の役割を原理的には疑わず、またその変革を求める集合的な行動に意味を見出さなかったにもかかわらず、なぜウーマンリブの活動家たちはこの運動に飛び込んだのか。ここで考えるべきなのは、四〇年代生まれの女性の一般的特徴ではもはやなく、ウーマンリブの担い手の特殊性が何から生まれたのかという問題である。

本稿ではこの問題を考えるにあたって、その特殊性は、彼女たちが家庭とは別の女性だけの居場所、つまり「オルタナティヴな女性コミュニティ」を求めた点にあったのではないかという仮説を立てる。そして、個人の語りによるライフヒストリーをもとに、当事者の主観に即してこの仮説を検証してみたい。より具体的に深めて考えたいのは、第一に、ウーマンリブの担い手たちがどのようにしてこの「オルタナティヴな女性コミュニティ」を求めるにいたったのか、第二に、このコミュニティにはどのような「吸引力」があったのか、そして第三に、このコミュニティの希求はどのようにして終わりを迎えたのか、という問いである。次に具体的な対象を設定し、事例分析を行っていこう。

三、四人の若き歴史家たち——家庭とは別の居場所を求めて

ウーマンリブ全国会議の発起人と参加者

本稿では事例研究として、運動の中核的存在といえる四人の女性の経験を取り上げる。「中核的」と表現したのは、四人がいずれも一九七〇年の第一回ウーマンリブ全国会議の発起人ないし参加者として、この運動の最初期から重要な役割を果たしていたからである。その経緯について、四人の関わり方を中心にやや詳しい説明をしておこう。

先に触れたように、この全国会議の開催の発端となったのは、前年の一一月に行われたヒストリー・ワークシ

ヨップでの議論であった。この場にいたのが、当時ロンドン大学バークベック・カレッジの大学院生だったシーラ・ロウボソム[24](Sheila Rowbotham, 一九四三―)、ウォリック大学在籍中のアナ・ダヴィン(Anna Davin, 一九四〇―)、オクスフォード大学ラスキン・カレッジの正規の学生だったサリー・アレグザンダー(Sally Alexander, 一九四三―)である。このワークショップでは産業革命期の女性労働が話題にのぼり、女性には賃金労働をさせるべきではないと主張したある労働者階級の男性にたいし、ロウボソムが女性には労働の自由があって然るべきであると反論すると、その場にいた男性参加者から嘲笑が巻き起こった。これに憤ったロウボソムは、直後にダヴィン、アレグザンダーら四～五人の女性で話し合うなかで「女性史ワークショップ」を別個に開く必要があるという結論に達し、七〇年二月末から三月初頭の会議の開催を決めた。蓋を開ければ、この会議には主催者の想定を大きく上回る五〇〇～六〇〇人ほどの参加者が押し寄せ、歴史研究という当初のねらいに反して、結果的に女性をめぐるより現代的かつ幅広い問題が話し合われることになった[25]。バーミンガム大学の学生だったキャサリン・ホール(Catherine Hall, 一九四六―)も参加者となり、「無料の二四時間保育」の要求について発言を行った。

全国会議の発起人となった三人はもちろん互いに友人関係にあり、ホールもまた以前から三人と知り合いだった。四人を相互につなげていたのは、ニューレフト系の人脈の広がりである。四人のうち三人が、当時のニューレフト運動のなかで重要な位置を占める男性知識人とパートナー関係にあったことは、けっして偶然ではない。ホールが六四年に結婚したのは、文化理論家のスチュアート・ホールであった。七〇年ごろからダヴィンは先述のヒストリー・ワークショップの主催者サミュエルと、アレグザンダーは当時やはり『ニューレフト・レヴュー』の編集委員会のメンバーだった思想史家のギャレス・ステッドマン＝ジョーンズとそれぞれ交際し、同棲していた。四人はこの時点で歴史学を専攻しており、いずれも最終的には大学教員の職を得ることになるのだが、少なくとも七〇年代の時点では、全員が依然としてほぼ無名の若者にすぎなかったことは強調されるべきだろう。

唯一違うとすれば、ロウボソムが当時、ウーマンリブの「スター」的な扱いを受け、七〇年代前半に次々と著作を発表したことがあげられるが、その彼女にしても運動後はスポットライトを外され、大学で職に就くのは二〇〇〇年代に入ってからのことになる。

先のカテゴリーでいえば「社会主義フェミニスト」に該当するこの四人は、質と量の違いはあれ、それぞれ自伝や記録集や研究書のなかで自分自身のライフヒストリーを語っている。さらに先述の「シスターフッドとその後」プロジェクトでは、四人とも調査対象者として四時間半から一一時間半に及ぶインタビューを受け、この記録は現在、大英図書館の館内限定で音声アーカイヴの聴取とスクリプトの閲覧が可能である。以下ではこれらの史料を用いつつ、とくに共通性がみられる点を中心に四人の主観的な経験を辿り、先に述べたような、家庭とは別の「オルタナティヴな女性コミュニティ」の希求をめぐる三つの問いにたいして答えを引き出していきたい。

運動と出会うまで

では、四人はいかにして「オルタナティヴな女性コミュニティ」を求めるにいたったのか。その経緯をみると、第一に、自分が生まれた家族からの独立、第二に、ニューレフト運動の男性中心性にたいする違和感という二つの契機がはたらいたことが指摘できる。

四人が生まれた家庭は、母親の学歴という観点から大きく二つのパターンに分けられる。ロウボソムとアレグザンダーの二人は、父親が叩き上げのエンジニアやビジネスマンとしてそれなりの成功をおさめ、母親が専業主婦という家庭で生まれ育った。父親が保守党の支持者であった点も共通する。経済力のある夫にたいして妻が依存するという夫婦関係のあり方は、この時代にはごく一般的なものであったが、二人は物心ついたころから権威的な父親にたいして強い嫌悪感を抱くようになった。ロウボソムは成長するにつれ父親に「敵意」を抱き、その関係には「多くの軋轢（あつれき）」があったと回想している。[26] アレグザンダーも一〇代の終わりごろ、父親とのあいだで「死刑制度、同性愛、平和主義」などをめぐり「大激論」になったという。[27] このような反発はいずれの場合も、父親の不倫の事実に気づいていたことに遠因があったのかもしれない。二人の母親はそれぞれ、かならずしも幸せとはいえなかった自身の結婚生活を通じて、より自立した生き方を娘に期待した。「性格が非常にアナーキーで、個人主義的」だったというロウボソムの母親は、彼女が二二歳のときに病気で亡くなったが、「独立した女性」に憧れて、娘の大学進学を「本当に良いことだと考えていた」という。アレグザンダーの母親は彼女が二〇歳のときに離婚するが、その後は娘の活動にたいして「協力的」であったらしい。[28]

これにたいして、ダヴィンとホールの二人の場合、父親はより政治的にリベラルな知的専門職で、かつ母親は当時にしては珍しく大学教育を受けていた。ダヴィンの父親はオクスフォード大学出版局に勤める作家で、母親も子どもたちが一〇歳前後になるころ編集者兼校正者としてやはり同じオクスフォード大学出版局に就職した。経済的に夫に依存することを嫌っていた母親は、ダヴィンによれば「フェミニストだったと考えられる」という。両親とも大学教育を受けていた点ではホールの場合も同様である。父親は「ラディカルで進歩的」なバプティスト教会の牧師であり、母親はオクスフォードのサマヴィル・カレッジで歴史学の博士号を取得し、アカデミックな歴史家になる可能性さえあった。[29] ただし、こうして夫と比べても遜色ない学歴や職歴があったとはいえ、二人の母親が好むと好まざるとにかかわらず、「妻」として夫に尽くす生き方を選んでいたこともたしかだった。ダヴィンは母親が夫を立てる「非常に忠実な妻」として生きていたと振り返り、ホールもまた、牧師の妻になることで学問の道を諦めた母親が、晩年には夫の介護を長く担うなかで「途方もなく大きな制約とフラストレーション」を抱えていたと述懐している。[30]

こうして四人はもっぱら母親の経験をもとに、先行する世代の一般的な女性の生き方を自明視せず、とりわけ大学教育を受けることで自分の人生の可能性を広げることができるという強い信念をもって成長した。四人のうち、ロウボソムとアレグザンダーは「イレヴン・プラス」の受験結果によってグラマースクールに通い始め（後者はのちに病気により転校を余儀なくされる）、すでに小学校からグラマースクールの付属校に入学していたダヴィンとホールは、そのまま大学進学を見込んだ教育を受けた。ただし、六一年にオクスフォード大学セント・ヒルダ・カレッジに入学したロウボソム以外の三人は、いずれも二〇歳までに結婚しており、出産や育児を通じた家族形成にも大きなエネルギーを費やした。ダヴィンはオクスフォード大学セント・アン・カレッジの入学準備中、学生だったルーク・ホジキン（のちに数学研究者となるニューレフトの知識人）の子を妊娠していることがわかって一八歳で結婚し、四年間のうちに三人の子どもを出産したのち六六年からウォリック大学の成人学生（マチュア）となった。ホールは六三年のサセックス大学への入学後、翌年一九歳で先述のスチュアート・ホールと結婚してバーミンガム大学に編入し、大学院に進む六八年に第一子を出産した。アレグザンダーは女優を志して王立演劇学校に入学したが、二〇歳のとき俳優のジョン・ソーと結婚してまもなく第一子を出産し、離婚後の六九年にラスキン・カレッジの学生となった。彼女たちは子育てをしながら学生生活を送ったわけである。

さて、このように四人は二〇代で実家から独立してそれぞれの道を踏み出したが、その過程で彼女たちが飛び込んだのが、六〇年代のニューレフト系の政治運動であった。アレグザンダー以外の三人はすでに一〇代で核兵器廃絶運動（CND）に共鳴し、核軍縮を求めるオールダーマストン行進に加わった。ホールが一四歳年長のスチュアートと出会ったのはこのときで、ダヴィンは第一子の妊娠中に夫と参加した[31]。この二人がニューレフトの知的活動に深く関与する夫を通じて運動とつながっていたのにたいし、ロウボソムとアレグザンダーはどちらかといえば独力で左翼系の人間関係を築いた面がある（後者の最初の夫ソーは左翼であったが、労働者階級出身でさほど知識人層と交流がなかった）。だが最初のきっかけはどうであれ、六〇年代末になると、ヴェトナム反戦運動の高揚とともに「スチューデント・パワー」が盛り上がり、キャンパス内外でさまざまな左翼系の政治組織の動きが活発化するなか、四人はそれぞれに新たな「解放の政治」と出会うことになる。とりわけロウボソムとダヴィンは「性的リバタリアン」という自称や「モノガミーへの違和感」を公言するなど[32]、パートナー関係を固定せずに性的自由を謳歌した時期があり、「性の解放」の実践者であったといって差し支えない。ダヴィンはウォリック大学への入学直前に四回目の妊娠が判明したため、友人だった先述のミッチェルの助けで中絶の処置（合法化される前だったので「闇中絶」）を受け、ロウボソムも七〇年に中絶した経験があった[33]。

こうして躍動するニューレフトの政治的世界に身を投じるなかで、四人が直面したのが、自分たちが運動のなかで周囲の左翼男性から「女性」として扱われるという事態であった。ロウボソムは六九年、学生運動がさかんだったロンドン大学政治経済学院（LSE）での集会に参加し、発言しようと壇上に登った際、当時流行していたミニスカートを穿いていたことで、フロアにいた男性たちから冷やかしの野次と口笛が巻き起こり、困惑したことを鮮明に覚えている。女性にたいするニューレフト男性の態度は「かなりひどい」もので、彼らは「基本的に自分たちが話す側で、女性たちはその話を聞く側なのだと考えがち」だったとホールも述べる。他方で、七〇年前後には四人ともニューレフト運動に関わるパートナーがおり（ロウボソムにもデイヴィッド・ウィジャリーという左翼系の編集者の恋人がいた）、女性の抱える問題意識に共感してくれる男性知識人がいたこと自体は誰も否定していない。しかしそれでも、たとえばサミュエルやステッドマン＝ジョーンズの場合にみられたように、左翼男性のなかには理論と実践がかならずしも一致せず、あからさまに性差別的な言動はとらないものの、ワークショップや出版の計画の際にうっかり女性を含めるのを忘れてしまうようなところがあったとダヴィンは指摘する。マルクス主義を信奉する男性のなかには、女性たちが「抑圧」を語ろうとしても、語るべきなのは「抑圧」ではなく「搾取」なのだと理論的に教え諭そうとする者もいたという[34]。

「左翼男性は全体として、絶対に私をフェミニストにした主要因」なのだとホールが語るように、こうした左翼男性の「男性優越主義的な（メイル・ショーヴィニスト）」態度や主張に接した四人が、運動のなかでその「ひどさ」に憤りを感じ、それが彼女たちの女性運動の原動力になったことは疑いえない。ロウボソムは当時、左翼の若い男性が女性を「セクシーな存在」か「知的な存在」か、という二項対立で捉えていたことを振り返って、男性とは異なり、女性だけがこの二つのカテゴリーのあいだで引き裂かれなければならないことに「怒り」を覚えたと回想している(35)。興味深いのはこうした感覚を、左翼運動の周辺にいた女性たちが何気なく共有していった過程である。ロウボソムは「突如、たくさんの女性たちが互いに話し合うようになった」と語る。ある左翼系の集会で女性用トイレに行った際、知らない女性とたまたま言葉を交わし、女性として感じていた不満についてすぐに意気投合したのが、彼女の記憶するその最初の機会であった。アレグザンダーもまた、六〇年代末から『ブラック・ドウォーフ』という左翼系の雑誌出版の仕事に携わるなかで、同じくこの編集に関与していたロウボソムとともに、売り上げを伸ばすために女性のピンナップを掲載するという編集主幹の判断や、事務所内で「女の子たち（ガール）」に雑用をさせるという体制に疑問をもち、ごく自然に二人で女性を取り巻く問題について語り合うようになったと述懐する(36)。先述のように、ラスキン会議の開催の発端となったのは、女性の問題にたいして無理解な労働運動出身の男性たちの「嘲笑」であったが、ダヴィンの語りにしたがえば、そうした反応はむしろ「私たちに義憤という電荷を与え、そのことが女性の活動の発展を力強く進ませる助けになった」わけである(37)。

オルタナティヴな女性コミュニティの吸引力

さて、ここまでは四人をウーマンリブ運動へと押し出した背景（プッシュ要因）を跡づけてきた。より積極的な側面（プル要因）、つまり女性同士のコミュニティが魅力的なものに感じられるようになった経緯とは、どのようなものだったのか。

その「吸引力」についてまず指摘できるのは、彼女たちがいずれもニューレフトの「先輩格」にあたる女性に憧れを抱いていたことである。たとえばアレグザンダーにとって、六〇年代末に知り合ったロウボソムは、大学教育を受けて「とても自由」で「とてもシングル」で「とてもリバタリアン」な、同い年の自分とはまるで違うキラキラした存在に映った。また、マルクス主義の理論家ペリー・アンダーソンと結婚し、当時すでに大学で教鞭をとっていたミッチェルも、多くの女性にとって憧れの的であったらしい。ダヴィンは結婚後、オクスフォードで友人としてミッチェルと交流した際、その「知的優越性」とともに、性的に「解放された」「ある種の独立性」を目にして「羨ましいと感じた」という。またホールは七〇年のラスキン会議の会場でミッチェルを見つけたとき、当時流行していた毛皮の縁取りのあるコートを着たブロンド姿の彼女が「信じられないほどグラマラス」に見えたと語っている。アレグザンダーの表現を使えば、「自信に満ちて雄弁な」ミッチェルは、まさに「白い雪の女王」であり、「女神」であった[38]。知的であると同時にファッショナブルでもあるという、自分たちの先を行く女性の姿は、「こんな素敵な女性になりたい」という願望を沸き起こす大きな刺激になったのである。

そもそも、女性同士の関わり合いのなかに身を置くことが「自然」であるという感覚を、生い立ちや成長過程を通じて彼女たちが無意識のうちに身につけていた可能性はある。四人のうち、実質的に一人っ子として育ったロウボソムを除く三人は、いずれも年齢の近い姉妹が一〜二人おり、女の子同士の強い関係性のなかで家庭内の日常を過ごした。また忘れてならないのは、四〇年代生まれの女性全般にとって、中等教育では男女別学の学校しか選択肢がなかった点である（グラマースクールの共学化の動きが始まるのは六〇年代末以降）。女子校で育ったことに加えて、すでに二〇代前半で母親になっていた三人は、親族や友人の女性たちの手を借りながら子育てをした経験があり、そうした女性同士の助け合いから得られた安心感も大きかったようである。ダヴィンは、第二子が一歳のときに世話役を引き受けてくれたミッチェルがその後、「私もあなたの母親だったんだよ」と娘に語ったときのことを愛おしそうに振り返っている。ホールも七一年の第二子出産後、地元の母親たち数名とともに始めた共同保育のなかで生まれた関係について、それが「感情的な生活を共有していた」ことから、きわめて親密なものになったと語っている。[39]

ウーマンリブ運動が始まり、さまざまな場で女性たちが一堂に会することになったとき、多くの参加者の心理的な前提として、こうした女性同士の集まりにたいする愛着が作用していたであろうことは想像に難くない。アレグザンダーは、ロンドンで集会に出席したときの記憶を辿り、そこでは太陽の光が明るく注ぎ、「たくさんの女性」が集っていて、「完全にアットホームに感じた」と語っている。幼いころから「つねに女性に囲まれていた」アレグザンダーにとって、ウーマンリブは「君の家族や学校のようなものだ」と当時の夫ステッドマン＝ジョーンズはよく口にしたそうだが、言い得て妙だろう。もっとも、女性だけの集団を全員が好んでいたわけではなく、ロウボソムは同性だけで過ごすことを強いられた女子校生活をむしろ否定的に語っているが、それでもそうした「威圧的な状況」ではなく、自発的に女性が集まったラスキン会議の光景には「信じられないくらい興奮した」という。[40] このような女性同士の絆の深まりはレズビアン的な関係とも地続きで、たとえば、ホールは自分が女性運動の経験から「かなり長いあいだ、バイセクシュアルだった」と告白している。ダヴィンもまた七一年のある日、活動で一緒になった女性と「性的興奮と好奇心」から「性行為をしてみた」ことがあるという。[41] アレグザンダーが語るように、ラスキン会議以降の出来事は、「世界を変えるものとはいえないまでも、人生を変えるもの」として、[42] 運動の担い手たちの行動や考えに確実に変化をもたらしていた。

このような女性同士の関わり合いから大きなエネルギーが生み出されたことを、四人は口を揃えて語る。ダヴィンが指摘するのは、左翼男性の運動との違いである。「男性のリーダーシップのスタイル」に嫌悪感をもっていたダヴィンが、社会主義フェミニストたちの会合で体験したのは、「自分のやり方で支配しようと競い合わずに、人びとがともに考えを練っていく集合的過程」であった。その過程でダヴィンは、「より大きな自信と、生き生きと動ける力」を獲得したという[43]。自分には「声がある」という「自信」を得たことは、ホールも強調する点である。それまでホールはどんな組織にいても「周縁にいる」という感覚を免れなかったが、ウーマンリブの運動を通じて「存在資格（エンタイトルメント）」が与えられた気がするという[44]。この転換は、社会における居場所感の獲得と言い換えてもよいかもしれない。

ロウボソムはさらに、女性という「集合性」のもつ肯定的な側面として、「つながっているという感覚」をもつことによって、「そうでなければとてもできないようなことをすることができた」と回顧する[45]。それは、自分たちが力を合わせれば何でもできるという万能感のようなものといえるだろう。個人と集団が連動しながら相互にエンパワーし合うことで生まれる創造力については、アレグザンダーも同様に語っている。ただしそこで強調されるのは、「あなた自身から話をする」、つまり誰かの代表としてではなく、あくまでも一個人として声をあげた上で「なんとか集合体をつくっていく」という過程の重みである。最初から安易に「集合体」を想定するのではなく、一人ひとりの経験を出発点にしたからこそ、政治的な目的意識の共有だけにとどまらない、「友情」や「感情的紐帯」や「親密さ」といった個人的関係を基盤とする独特な運動が成り立ったというのである[46]。

オルタナティヴな女性コミュニティの終焉

しかし、このように「個人」の経験や感情を重視した運動のあり方は、アレグザンダーが語るように、ウーマンリブの「強み」であると同時に「弱み」でもあった[47]。女性コミュニティのなかで新たに見出された共通の感情や心理的な結びつきは、それが「ひとつの声」にまとまる瞬間には大きな力となったが、そのなかで誰ひとり取り残さず、あらゆる個人の声を尊重することは不可能だったからである。それでは、こうして「オルタナティヴな女性コミュニティ」の希求が終わりを迎えた経緯を、四人はどう語っているだろうか。

人種や階級やセクシュアリティなどの違いに、運動のなかでうまく対処できなくなっていたことはたしかだろう。たとえばダヴィンは、「私たちはあまりにも似て」おり、「女性としての私たちの共通の抑圧や強みを強調するなかで、認識するべきだった差異を抑えつけ無視してしまった」ことに、自分たちの「シスターフッド」の「限界」があったと反省している。ただし四人の語りからわかるのは、ほかにも当初から運動のなかにさまざまな路線の違いがあり、たえず各グループ間の対立をはらんだ緊張関係が存在していた事実である。たとえば、すでに左翼運動のなかで顕在化していた諸セクト間の争いがそのまま全国会議の場に持ち込まれる場合もあれば、アカデミックな理論化を目指すか、それとも運動の実践に注力するか、またCRの活動を重視するか、それとも政治的活動を重視するか、といった方向性の違いが露呈する場合もあった。内部対立が決定的となったバーミンガムでの全国会議の主催側だったホールは、従来の左翼運動とは「違うものを創造しよう」として、特定の集団と「提携しないこと」の大切さを唱えてきたにもかかわらず、その試みが「党派主義のなかで瓦解した」ことを「非常に苦い経験」として語っている。[48]

問題はイデオロギーの違いだけでなく、実際的な面での擦り合わせの難しさにもあった。たとえばダヴィンは、分離主義的なレズビアンたちがある時期から「一二歳以上」の男性の参加を拒んだため、それまでのように気軽に長男を連れて会合に出席できなくなったことや、CRグループの集まりに後から新たなメンバーが加わると、同じ議論の繰り返しになって「退屈」に感じられたことを率直に語っている。[49] 個々の事情の違いによるこうした些細なズレが積み重なるにつれ、女性の連帯といった大義にたいして次第に熱意を保てなくなってしまったというのが、より当事者の主観に即した実情だったのかもしれない。

また、たとえ運動のなかで結束が強まっても、そうした一体感の高まりが個々人を縛る側面もあった。ロウボソムは七三年ごろから、初期の運動を支える重要な要素となっていた、自分を変えたいという衝動が、次第にウーマンリブを主張するならこう振る舞わなければならないといった「規範的雰囲気」に取って代わられたと述べる。「ザ・フェミニスト的な生活様式についての新たなモラリズム」と彼女が呼ぶのがそれである。アレグザンダーが指摘するのもまた、女性の「集合的なエートス」が生まれると、その声に従わなければならないという「モラリズム」が活動家の心理に醸成されるという問題である。アレグザンダーは自分の落ち度であると強調しているものの、「運動の集合的意志に突き動かされた」結果、「個人的な生活の一部」を犠牲にしてしまったという証言は重い。(50) 個人から出発することに運動の力点があったことを考えれば、皮肉な成り行きというほかない。たしかに彼女たちにとって、女性コミュニティの希求は終わるべくして終わったのである。

おわりに

以上では、同世代的にみた場合のウーマンリブの担い手たちの特殊性は、彼女たちが家庭とは別の居場所、つまり「オルタナティヴな女性コミュニティ」を求めた点にあったのではないかという仮説を立てて、四人の活動家たちのライフヒストリーからその希求の顚末を紐解いてきた。そこからわかったのは、彼女たちの特殊性が、個々人の主観に即してみれば、ひとつひとつの経験の積み重ねから生まれた必然的な結果だったということである。大学教育を受け一定の自由を得ながらも依然として家庭と結びつけられ、左翼運動の場でも周縁化された女性にとって、独力で声をあげることはきわめて難しく、それは女性コミュニティという「集合体」の力を借りて初めて可能なことだった。そうした女性同士の集合的行動によって、運動の担い手たちが家庭に縛られない「個人」というものを立ち上げることができたとすれば、「個人」と「集団」のあいだの難しい綱引きのなかで、わずか短期間でもこうした運動が成り立ったこと自体が貴重な意味をもつのではないか。

このようにウーマンリブ運動のなかで立ち上げられた「個人」が、その後のサッチャリズムで打ち出される「個人」と似て非なるものであることは明らかだろう。サッチャーが想定した「個人」とは、女性の場合は家庭内に埋め込まれると同時に、市場では互いにバラバラな単体のアクターとして行動するものとされた。しかしウーマンリブの「個人」とは、まさにこうした家庭内への埋め込みにたいして、女性コミュニティというオルタナティヴな集合性を梃子に抵抗する主体である。サッチャリズムの「個人」が何らかの問題を抱えても家庭内で対処するほかないのにたいし、ウーマンリブの「個人」は、ミクロな問題を社会全体につなぐ回路をもち、そのことでみずからも変わる契機をもつ。たとえば、「主婦」という「アイデンティティの不在」に苦しんでいたホールが「スチュアートからの真の分離」と彼の「男性性にたいする批判」を行うことができるようになったのも、[51]また前夫のもとで「物静か」だったアレグザンダーが七〇年の「ミス・ワールド」妨害で逮捕されるほどまでの驚くべき行動力を示すことができたのも、[52]家庭という場を超えた女性同士の関係性のなかで獲得した自分自身の声があったからだった。そこに現れたのは、八〇年代のサッチャリズムには回収しつくされない、他者とつながることで社会全体を変えようとする「個人」であった。

(1) *Finchley Press*, 25 June 1971; TV interview for Thames TV *CBTV*, 13 December 1982.
(2) Interview for *Women's Own*, 23 September 1987.
(3) General Election Press Conference, 26 April 1979. 以上の発言はマーガレット・サッチャー財団のデータベースに掲載されている。https://www.margaretthatcher.org/speeches
(4) 概説として、次のものを参照。Martin Pugh, *Women and the Women's Movement in Britain since 1914*, Palgrave, 2015,

ch. 11; Florence Binard, "The British Women's Liberation Movement in the 1970s: Redefining the Personal and the Political", *Revue Française de Civilisation Britannique*, XXII- Hors série, 2017.

（5）Juliet Mitchell, "Women: The Longest Revolution", *New Left Review*, vol. 40, 1966. ミッチェルの位置について、詳しくはリン・チュン『イギリスのニューレフト――カルチュラル・スタディーズの源流』（渡辺雅男訳、彩流社、一九九九年、二九〇―二九九頁）を参照。

（6）Pat Thane, "Women and the 1970s: towards liberation?", in Lawrence Black, Hugh Pemberton and Pat Thane (eds.), *Reassessing 1970s Britain*, Manchester University Press, 2013, p. 177.

（7）Marsha Rowe (ed.), *Spare Rib Reader*, Penguin, 1982, p. 581.

（8）ヒストリー・ワークショップについては、冨永貴公『分かちあう経験・守りあう尊厳――ラスキン・カレッジの一九七〇年代における労働者教育』春風社、二〇二二年を参照。

（9）たとえば、動議が可決されたのか否かが不明瞭なままとなった事例として、山森亮「一九七〇年代イギリス労働者階級の女性解放運動とベーシックインカム――ケアリング階級の予示的政治」『大原社会問題研究所雑誌』七六〇号、二〇二二年を参照。

（10）たとえば、次のものを参照。*Women's History Review*, vol. 25: Historicising the Women's Liberation Movement in the Western World, c. 1960-1990, 2016; Kristina Schulz (ed.), *The Women's Liberation Movement: Impacts and Outcomes*, Berghahn Books, 2017.

（11）このプロジェクトのねらいについては、Margaretta Jolly, Polly Russell and Rachel Cohen, "Sisterhood and After: Individualism, Ethics and an Oral History of the Women's Liberation Movement", *Social Movement Studies*, vol. 11, 2012 を参照。

（12）Margaretta Jolly, *Sisterhood and After: An Oral History of the UK Women's Liberation Movement, 1968-Present*, Oxford University Press, 2019.

（13）Natalie Thomlinson, *Race, Ethnicity and the Women's Movement in England, 1968-1993*, Palgrave, 2016; George Stevenson, *The Women's Liberation Movement and the Politics of Class in Britain*, Bloomsbury Academic, 2019.

（14）Sarah Browne, *The Women's Liberation Movement in Scotland*, Manchester University Press, 2017; Sheila Jeffreys, *The Lesbian Revolution: Lesbian Feminism in the UK 1970-1990*, Routledge, 2018; Nicholas Owen, "Men and the 1970s British Women's Liberation Movement", *The Historical Journal*, vol. 56, no. 3, 2013.

（15）Betty Jerman, *The Lively-Minded Women: The First Twenty Years of the National Housewives' Register*, William Heinemann, 1981, p. 15; Mary Ingram, *Now We Are Thirty: Women of the Breakthrough Generation*, Eyre Methuen, 1981.

（16）Carol Dyhouse, *Students: A Gendered History*, Routledge, 2006, p. 99.

(17) Eve Worth, *The Welfare State Generation: Women, Agency and Class in Britain since 1945*, Bloomsbury, 2022.

(18) 小関隆『イギリス一九六〇年代──ビートルズからサッチャーへ』中公新書、二〇二一年、Lynn Abrams, *Feminist Lives: Women, Feelings, & The Self in Post-War Britain*, Oxford University Press, 2023, p. 14.

(19) Pugh, *Women and the Women's Movement*, pp. 270–271.

(20) Abrams, *Feminist Lives*, p. 4.

(21) Florence Sutcliffe-Braithwaite and Natalie Thomlinson, "Vernacular Discourses of Gender Equality in the Post-War British Working Class", *Past and Present*, vol. 254, 2021, pp. 8–10.

(22) Liz Heron (ed.), *Truth, Dare or Promise: Girls Growing up in the Fifties*, Virago, 1985, p. 125.

(23) Lynn Abrams, "Liberating the Female Self: Epiphanies, Conflicts and Coherence in the Life Stories of Post-War British Women", *Social History*, vol. 39, no. 1, 2014, pp. 31–32.

(24) これまでさまざまな日本語表記がみられたが、「シスターフッドとその後」の音声アーカイヴで確認するかぎり、「ロウボソム」という表記がもっとも本人の発音に近い。

(25) 日本からは女性史研究者の今井けいが参加した。今井けい『現代イギリス女性運動史──ジェンダー平等と階級の平等』ドメス出版、二〇一六年、四一─四五頁。

(26) Sheila Rowbotham interviewed by Rachel Cohen, *Sisterhood and After: The Women's Liberation Oral History Project*, The British Library, 2010, C/1420/10, transcript p. 7. 以下、このインタビュー記録を *S&A* と略記する。

(27) Sally Alexander interviewed by Rachel Cohen, *S&A*, 2012, C/1420/45, transcript p. 19.

(28) 「シーラ・ローボタム」E・P・トムスン/N・Z・デイヴィス/C・ギンズブルグほか『歴史家たち Visions of History』近藤和彦/野村達朗編訳、名古屋大学出版会、一九九〇年、一六五頁、Rowbotham, *S&A*, transcript pp. 22–23; Alexander, *S&A*, transcript pp. 18, 29.

(29) Anna Davin interviewed by Rachel Cohen, *S&A*, 2010, C1420/02, transcript pp. 54, 71; Catharine Hall interviewed by Rachel Cohen, *S&A*, 2012, C1420/54, transcript pp. 2, 4, 12.

(30) Davin, *S&A*, transcript p. 262; Hall, *S&A*, transcript pp. 24, 77.

(31) Hall, *S&A*, transcript p. 33; Davin, *S&A*, transcript p. 131.

(32) Melissa Benn, "22 July 2000, Trailblazer of feminism, Interview: Sheila Rowbotham", in Kira Cochrane (ed.), *Women of the Revolution: Forty Years of Feminism*, Guardian Books, 2012, p. 227; "Anna Davin", in Michelene Wandor (ed.), *Once a Feminist: Stories of a Generation*, Virago, 1990, p. 59.

(33) Anna Davin interviewed by Ronald Fraser, *Ronald Fraser Interviews: 1968 - A Student Generation in Revolt*, The British

Library, 1984, transcript C896/R06, pp. 37–38 ; Sheila Rowbotham, *Daring to Hope : My Life in the 1970s*, Verso, 2021, p. 45.

(34) Rowbotham, *S&A*, transcript p. 72 ; Sheila Rowbotham interviewed by Ronald Fraser, *Ronald Fraser Interviews : 1968*, 1984, transcript C896/R17, pp. 65–66 ; Hall, *S&A*, transcript p. 35 ; Davin, *S&A*, transcript pp. 219, 222 ; Rowbotham, *S&A*, transcript pp. 93–94.

(35) Hall, *S&A*, transcript p. 36 ; Rowbotham, *S&A*, transcript p. 92.

(36) Rowbotham, *Ronald Fraser Interviews*, pp. 74–75 ; Alexander, *S&A*, transcript p. 35.

(37) Davin, *S&A*, transcript p. 179.

(38) Alexander, *S&A*, transcript pp. 34–35 ; Davin, *Ronald Fraser Interviews*, pp. 51–52 ; "Catharine Hall", in Wandor (ed.), *Once a Feminist*, p. 174 ; Alexander, *S&A*, transcript p. 38.

(39) Davin, *S&A*, transcript pp. 132–133 ; Hall, *S&A*, transcript p. 59.

(40) "Sally Alexander", in Wandor (ed.), *Once a Feminist*, pp. 87–88 ; Alexander, *S&A*, transcript p. 78 ; Rowbotham, *Ronald Fraser Interviews*, p. 91.

(41) Hall, *S&A*, transcript pp. 58–59 ; "Anna Davin", in Wandor (ed.), *Once a Feminist*, p. 68.

(42) Alexander, *S&A*, transcript p. 39.

(43) "Anna Davin", in Wandor (ed.), *Once a Feminist*, p. 66 ; Davin, *S&A*, transcript p. 304.

(44) Hall, *S&A*, transcript pp. 78–79.

(45) Benn, "22 July 2000, Trailblazer of feminism", p. 226.

(46) Alexander, *S&A*, transcript, pp. 50, 71, 76, 83.

(47) Alexander, *S&A*, transcript, p. 50.

(48) "Anna Davin", in Wandor (ed.), *Once a Feminist*, p. 70 ; Hall, *S&A*, transcript pp. 56–57.

(49) Davin, *S&A*, transcript pp. 209–210 ; Davin, *Ronald Fraser Interviews*, p. 115.

(50) Rowbotham, *Daring to Hope*, pp. 136–137 ; Alexander, *S&A*, transcript, pp. 76, 84.

(51) Hall, *S&A*, transcript p. 58.

(52) Alexander, *S&A*, transcript, pp. 27, 52–53 ; Sally Alexander interviewed by Ronald Fraser, *Ronald Fraser Interviews : 1968*, 1984, transcript C896/R09, pp. 48–49.

第4章 ゲイ解放戦線の運動経験とそのレガシー
――「サッチャリズム」ナラティヴ再考のために

市橋秀夫

はじめに

一九七〇年代初頭のロンドンに登場したゲイ解放戦線（Gay Liberation Front：ＧＬＦ）の運動経験を、とりわけ六〇年代後半に顕在化したカウンターカルチャーとの関係に注目して論じるのが本稿である。[1] ＧＬＦの運動経験は、セクシュアリティの歴史において重要というばかりでなく、戦後のイギリス福祉国家体制のもとで根付き、一九八〇年代のサッチャリズムや新自由主義へと吸収されたのではないかと論じられている「民衆的個人主義」を議論する際の好事例でもあるとも思われる。

おおむね時系列を追って彼らの運動を記述していくが、それは次のような問いに答えていく作業となる――同性愛者のなかでも多数派であったとはいえないＧＬＦは、どのような文脈で登場し、何を求めてかくも自己表出的な直接行動の運動として展開されたのか。ＧＬＦ参加者とはいったい誰だったのか。それは、イギリス戦後の性に関する社会規範の変容にとってどのような意味を持つ運動だったのか。そのうえで本稿は、ＧＬＦの運動経験という事例をとおして、一九六〇年代後半から一九七〇年代前半に一世を風靡したカウンターカルチャーと、その後に台頭してくるサッチャリズムとの歴史的関係を問うてみる——両者は個人主義や消費主義を是とした点で親和的であり、それがゆえに前者は後者に飲み込まれてしまったのだろうかと。

ＧＬＦの歴史に関する研究はそれなりの蓄積がある。特徴的なことは、いわゆる学術的研究のほかに、運動当事者自身の手になる運動史的著述や、オーラル・ヒストリーによる回想的な証言記録が豊富に公にされていることである。[2] 運動当事者が保管してきた各種史料も、英国図書館やＬＳＥ図書館をはじめ各地のアーカイヴズで保管され、質量ともに拡充を続けている。本稿で依拠するのはそれら豊富な史料群の一部にすぎない。同時代刊行物を一次史料として用いるほか、インタビューや回想の記録として公にされている当事者の「記憶」を検討対象とした記述をおこなう。そのことで、ＧＬＦの運動のエートスや参加当事者を突き動かした情動的側面——閉塞感や違和感、憤懣や反発や怒り、喜びやユーモアや連帯感、解放感や達成感などの側面——により接近することができるし、運動経験によって得られたものをより十全に理解することができるはずである。

一、最初の公然デモ

一九七〇年一一月二七日の午後九時ごろ、「一五〇人の美しいゲイの人びと」が地下鉄のハイベリ・アンド・イズリントン駅に集まった。[3] イズリントンは当時、中産階級の移住が進みつつもなお労働者階級の街として知られていたロンドン北西部の地区である。[4] 彼らは地区最大のオープンスペース（公園）であるハイベリ・フィールズへと、スローガンを唱和しながら向かった。

「Ｇがほしい」——「Ｇ」
「Ａがほしい」——「Ａ」

「Yがほしい」―「Y」
「どう書くの?」―「GAY」
「GAYって何さ?」―「Good」
「Gay is Good」(5)

広場の南端にある公衆トイレ周辺の「犯行」現場まで来た彼らは、ロウソクに火をともし、懐中電灯を照らし、参加者の一人が「要求」を読み上げた。わずかだが報道陣も来ていた。「要求」は、以下の事項を含む八項目―「法律、雇用者、そして社会全体によるゲイの人びとに対する差別」の撤廃、学校での同性愛教育の導入、精神科医が「同性愛者をあたかも問題あるいは病気であるかのように扱うこと」の中止、「新聞広告や街頭、あるいは彼らが望むその他のあらゆる手段をとおして」同性愛者同士が接触をもつことの合法化、性交同意年齢における同性愛者差別の撤廃、異性愛者と同じように「人前でキスしたり手を握ったりすることが自由にできること」の実現(6)。

すなわち、一九六七年に男性同性愛行為が諸条件のもと部分的に非刑事罰化されたあとにも残っていたさまざまな法的および社会的差別の撤廃を、彼らは求めた。GLFの登場を可能とする文脈を用意したという点でも、一九六七年の法改革が同性愛者の権利獲得および差別撤廃の過程の一歩であったことの意義はあらためて強調されよう(7)。周縁的な社会存在としてならば同性愛者を許容しようという、六七年法改革が用意した歴史的文脈においてGLFは生まれた。そしてGLFは、確固たる異性愛規範を正常・自然と自明視して顧みない自らの出自たるこの歴史的文脈を打ち砕かんとする運動を展開したのである。

「要求」の一項目が読み上げられるたびに、「そうだ!」(“Right On!”)の集団的な合いの手が入り、公園に響きわたった。彼らは手を握りあい、おおっぴらにキスをするなどのアクションをおこない、その後、参加者の半数が腕を組み、懐中電灯を手にこぶしを掲げ、風船を持ち、スローガンを声に出しながら公園の周りをデモ行進した。ふたたび集まった参加者は訴えるべきことは訴え得たことを確認し、パブへと向かった。金曜日の夜だった。

重要なことは、公園での集会やデモやその後のパブにおいて、参加者が多くの見知らぬ仲間とお互いに言葉を交わし、親密に知り合うことができたという点にあった。公の場で手を握り、抱擁し、キスをするといった当時なお「犯罪」に該当しうる行為を示威した。集会に参加したゲイの人びとは、この夜、社会規範を盾に取った警察の過剰な取り締まり行為に公然と立ち向かう集合的カミング・アウトをやってのけたのである。のちにイギリスのセクシュアリティ研究の第一人者となるJ・ウィークスは、その日の帰宅途上の地下鉄車中の様子を次のように記憶している。

地下鉄では殻を破って出た(outness)雰囲気になっていて、みんな地下鉄の車両のなかで抱き合っていて、それは自分にとっては本当に初めてのことだったんだ。反アパルトヘイトのデモなんかに参加したことはあったけど、それは抽象的なもの。自分ごとのデモに参加したのはこれが初めてだったんだ。……私たちは街に出て公の存在になることを望んでいたんだよ。それが、私たちがデモをした主たる理由なんだ。LSEでの〔GLFの〕会合を除けば、私たちのほとんどが、ゲイであることを公言したのはまったくもって初めてで、すごくポジティブな経験だったんだよ。(8)

ここで注視したいのは、引用したJ・ウィークスの回想に見出すことができるような特徴的な「集合的解放」の志向であり、価値観である。それは、直接行動をともなう活動・運動への参加経験のなかで、社会的に抑圧された立場に置かれた者たちが初めて個としての声をあげることが可能になるということの意味を私たちに熟慮するよう促す運動経験である。自己確証と自尊心が増す解放的な当事者運動の経験だった。GLF発行誌のタイトルが*Come Together*である点も示唆的である。本稿で明らかにするように、こうした「集合的解放」の力学のなかにこそ、短い期間ではあったが数々の驚くべき直接行動を展開したこの時期特有のロンドンＧＬＦの運動経験の歴史的特徴がある。次節ではまず、ロンドンのＧＬＦが、いったいどのように、誰によって形成されたのかをみていく。

二、ＧＬＦの運動基盤――誰が参集したのか

私はＧＬＦに加われてラッキーでした――アナキスト、ヒッピー、左翼、フェミニスト、リベラル、カウンターカルチャー派のすばらしい混淆。それぞれの違いにも拘わらず、我われはラディカルな理想主義を共有していました――抑圧された世界がどうなりうるのか、どうなるべきかについての夢――同性愛嫌悪だけではなく、ＬＧＢＴの人びとと同様に異性愛の人びとを抑圧する、性を恥ずかしいこととみなす文化全体から自由になるという夢。我われは、解放を目指す者であったし社会革命を起こそうという者でもあったんですよ。表に出て世界をひっくり返すんだってね。[9]

このＰ・タチェルの回想にも顕れているように、ＧＬＦは一九六〇年代後半のさまざまな政治的、文化的潮流が交差するかたちで登場してきた。運動的な関連ということでは、一九七〇年後半のロンドンにおけるＧＬＦの形成に関しては次の三つの運動の影響が大きいとしばしば指摘されている――①一九六〇年代後半の左翼政治運動、②女性解放運動、③カウンターカルチャー。[10] 以下順次、関係性をみていくこととする。

左翼政治運動とＧＬＦ

一九六〇年代後半においてもなお、伝統的なマルクス主義的左翼政治は、同性愛志向とはブルジョワ的（中産

階級的）な逸脱であり、究極的には労働者階級の革命によって治癒されるべき病として蔑視と同時に排除の対象にしていた。[11] にもかかわらず、GLFの形成やその後の活動でリーダーシップをとった者には、そのような価値観が支配的な既成左翼や新左翼で政治活動の経験を積んできた者が少なくなかった。たとえば、GLFが発足することになった最初のLSEでの会合を呼びかけ、GLF運動の主導的な役割を果たし続けたオーブリー・ウォルターズ（一九四四—）もその一人である。

一八歳で家を出たんだ。ゲイのクラブにもよく通ったし、共産党、共産主義青年同盟にも入っていた。ウェスト・ハム・カレッジで社会学の学位をとって、ストーンウォール暴動についても学んでいた。政治に目覚めていた学生の一人だったからね。（そこで学生暴動があったときに）ハンマーでLSEの門を壊したのは僕だったんだ。僕とデイヴィッド・ファーンバックは、革命的社会主義学生連盟の結成に手を貸したんだ。[12]

ウォルターズはベトナム連帯運動にも参加し、「やり返す気概」はベトナム闘争と中国の文化大革命から会得したものだと述べている。[13] しかし、ウォルターズがイギリスでのゲイ解放運動に取り組むようになったのは、アメリカ合衆国のさまざまな左翼運動に参加した経験から大きなインスピレーションを受けたこそであった。彼はアメリカ各地のゲイ・グループやブラック・パンサーの集会に参加し、とくに西海岸で活動する複数のGLFグループから多大な影響を受けた。集会や運動の手法は西海岸のグループが実践していたものだと、ウォルターズは回想している。[14]

GLFの運動にコミットした社会主義者たちの左翼志向は多様だった。新左翼の政治運動や核兵器廃絶運動（CND）の経験者もいれば、アナキストなどもいた。[15] また、GLF参加以前には政治問題にまったく無関心だったが、GLFの会合やデモなどに参加するなかで政治的意識に急速に目覚めたS・フェザー（一九四〇—）のような労働者階級の者もいた。[16] しかし、フェザー自身も拒絶したように、世界革命の教義のもとへと参加者を動員しようとするマルクス主義者の旧来の政治革命言説が、ＧＬＦの運動を左右するような影響力を持ちえたわけではなかった。ＧＬＦも「革命」の言葉を濫用したが、彼らが最優先課題としたのは「差別やあらゆる形態の社会的抑圧に反対してゲイの人びとに直接関係する利害を守ること[17]」だったのである。

女性解放運動とゲイ解放運動

ＧＬＦは男女両性の同性愛者に開かれた運動で、直接行動も共同でおこなわれた。しかし、女性と男性の同性愛者のあいだには対等というには程遠い状況がＧＬＦにはあり、不均衡な権力関係がつきまとった。数の上でも女性はつねに少数派で、一九七〇年一〇月のＧＬＦ結成会合に参加した二〇名ほどの参加者のうち、「ゲイ・ガールズ[18]」はただ一人だった。一方で、ＧＬＦよりやや先行して台頭した女性解放運動(Women's Liberation Movement：ＷＬＭ)の側でも、女性同性愛者への理解があったというわけではなかった。ＧＬＦ運動を牽引したゲイ女性のＭ・マッキントッシュやＥ・ウィルソンなどはフェミニズムに「相当懐疑的」だった[19]。ＷＬＭは異性愛志向の女性たちの運動であり、妻や母親としての女性の経験を重視しているという不信感があったという。

しかし、ＧＬＦとＷＬＭは運動の考え方やスタイルでは共通する点も少なくなかった。ＧＬＦはその運動および組織のあり方の多くを、先行するＷＬＭから借用していた。たとえば、ＧＬＦメンバーが参加を奨励された「意識化」(consciousness-raising：ＣＲ)のグループ・ワーク作業は、ＷＬＭで幅広く実践されていたものだった。ＣＲは、各自が社会的に抑圧された感情に気づくためにおこなわれる少人数のグループ・ワークで、ＧＬＦのコミューン生活の運動に主体的に関わったＫ・バーチによれば、ゲイという集合的なアイデンティティ形成にとって大きな意義をもつものだったという。ＣＲで自分史や自己感情について語り合い、共有経験を持つことで、自分も強くなるし、仲間の連帯感も強化されたという[20]。

GLFは階層的な意思決定機関や組織規約を持たず、会員制も採らなかった。実質的な活動単位である課題別あるいは地域別の小グループのネットワークとして機能した。WLMも、各地のグループを全体的に調整する委員会を持つネットワーク型の運動だった。参加者が増えたGLFが全体集会での意思決定をおこなう際に取り入れた、少人数に分かれてテーマについて議論しそれを全体にフィードバックするというスタイルで集団的決定をしていく"think-in"という手法にも、WLMと類似の自己および社会変革に関する理念がみてとれる。組織然とした集団運営の提案はことごとく拒絶されたという。(21)

GLFとWLMはともに性差別の社会課題に取り組む運動体であり、共同で直接行動をおこなうこともあった。一九七一年七月、人気のハンバーガー・チェーン「ウィンピー」のいくつかの店舗を占拠する直接行動にGLFは参加したが、これはWLMが主導した。ウィンピーには当時、深夜一二時以降は女性だけでの入店は認めないという規則があった。売春婦と思われる女性たちの立ち入り是認が法違反行為の入口となりうるリスクを嫌っての自主規制である。これに抗議すべく、男装した女性や女装した男性を含む両団体の参加者がロンドンの複数の店内の座席を占拠し、外に残った者はピケを張った。(22)

"think-in"やCRに依拠した運動のコミュニケーションや意思決定のスタイルは、参加者が互いの経験や知恵を尊重しあえる場を保証しようとするもので、政治革命や議会主義などの権力闘争による社会変革とは異なる質を体現している。また、演劇的演出が施された直接行動の重視には、誰かに代表してもらったり代行してもらうのではなく自分たち自身が実践するというDo-It-Yourselfの思想が顕れている。GLFとは、法や制度の改革をとおして社会変革をめざす社会運動ではなく、社会的抑圧から自らの身体と頭を「解放」することが差別と闘うことでもあるとするような、文化規範の変革を試みた社会運動だった。その「解放」の特徴を理解する際に欠かせないのが、以下で取り上げる一九六〇年代後半期に台頭してきたカウンターカルチャーの存在である。

カウンターカルチャーとの両義的な関係

ゲイ男性の人びとの経験は、一九七〇年代にＧＬＦが可視化する以前も以後も一律ではなく、きわめて多様である。一方で、彼らの性生活や交遊や社交の世界、そしてその余暇文化は、異性愛者の価値規範が中心となって形づくられている世界とは異なるという点で、ひとつのサブカルチャーを形成してもいた。自分たちの権利を公然と求めるＧＬＦの当事者運動が起こる以前の一九六〇年代までの彼らとその世界は、まさに〈アンダーグラウンド〉的な存在だった。しかし、このゲイ文化は、一九六〇年代後半になると、音楽やアート、そしてドラッグ使用の領域で台頭してきたカウンターカルチャーに励起されるようにしてメインストリーム社会に介入し、摩擦を引き起こしながらも徐々に居場所を確保していった。

Ｌ・ロビンソンは、カウンターカルチャーとＧＬＦの運動に共通した特質を次の四つの点に認めている。⑴個人生活や政治におけるＤ・レインの反精神分析医療の重要性、⑵責任ある生産的な大人の世界を拒絶する子ども・子どもらしさの重視、⑶階層的な組織構造や伝統的な政治実践の否定とそれらに代わるＣＲやコンミューンの実践、⑷公の場における、異性装や演劇的デモや「ザップ」（zap）と呼ばれた急襲即退却スタイルの抗議活動を活用した政治的メッセージの伝達[23]。ロビンソンの整理そのものに異議はない。しかし、この整理では、ＧＬＦがカウンターカルチャーに根強く見られた性差別を批判する社会運動として展開された側面が隠されてしまう。そうしたＧＬＦ結成時における両者の両義的な関係性を、イギリスのカウンターカルチャーを代表するメディアであった『インターナショナル・タイムズ』紙（ＩＴ：一九六六年創刊）の事例で見てみよう。

ロンドンのような大都会では、階級や地域の差はあったものの、ゲイ男性が見知らぬ相手と性交渉を持つ機会は少なくなかったし、仲間同士で私的なパーティーを持ったり、ゲイが集まることで知られたクラブやパブも少なからずあった。公園などでのパートナー探しも公衆トイレでの性交渉も、ありふれていたとさえ言える。しかし、職場を含む公の空間では、ほとんどの者は自らがゲイであることを隠し、あるいは認めようとはせず、異性愛者として振る舞った。私的な場での肉体的快楽を伴うセックスであっても、しばしば「罪悪感」や「吐き気」、「嫌悪」や「恐怖」がつきまとう経験となったという。ゲイであることについてちゃんと話し合うことは当事者間でも忌避され、長続きする関係を築き上げるための余裕も般的には奪われていた。一九六七年の法改革があり、同性愛者に対する「許容」が進んだといえる一九六〇年代後半でも、同性愛者の孤立と孤独が依然根強くみられたのである。(24)

こうした状況にあったゲイのサブカルチャーに対し、最も早い段階で紙面上のスペースを提供したのがＩＴだった。およそ隔週で発行され、「アンダーグラウンド・ニューズペーパー」と呼ばれていたが、オーバーグラウンドの世界で活躍していたビートルズのポール・マッカートニーやジョン・レノンも、資金援助を含めてＩＴを支援しており、メインストリームの世界と接点のあるメディアでもあった。(25) 編集部によれば、一九六九年初頭には発刊部数が四万部に達していた。(26)

しかしながら、ＩＴをはじめとするイギリスのアンダーグラウンド紙誌は、男性中心の異性愛主義の価値観が支配的だった。(27) そこで喧伝されていた性の表現の自由とはポルノグラフィー、すなわち男の女性に対する性行為の自由にすぎなかったという指摘も見過ごせない。(28) ＧＬＦ自身も結成直後、ＩＴや『オズ』(ＯＺ)などのアンダーグラウンド紙誌に対し、エロ本路線を取り続けるなら制裁を受けるだろうという警告を発していたし、(29) 一九七一年六月に始まったＯＺ側を被告とする当局の「猥褻裁判」への支援についても、ＧＬＦ内では、女性をセックス対象のモノとしてみなしているＯＺに対する批判があり、支援反対の声が根強くあった。(30) ＩＴの側も、ＧＬＦへの共鳴や共感を講じた論説や記事を掲載することはなかった。(31)

そんなGLFとITが期せずして共闘関係を結ぶことになるきっかけになったのが、安価だがITの貴重な広告収入にもなるゲイ男性読者向けの「小口広告欄」の創設だった。会員制の仲介組織の広告は、それ以前にも存在した。しかし、ゲイ男性の読者が個人の立場で同性の交遊相手を求める広告を掲載したのは、ITが初めてだった。それは、メインストリームの性道徳の秩序規範と摩擦を生じさせる可能性をはらむものだった。

創刊号以来のITに目を通していくと、「男性求む」（"male wanted"）の小見出しを付けた小口広告欄は一九六八年四月五日発行の第二八号になって初めて設けられたことが分かる。同号の「男性求む」欄には、八件の広告が掲載されている。「男性」欄へと名称変更されたのちも掲載数は増え続け、半年後の六九年一月一日号（第四七号）では三五件となった[32]。同年四月一九日号の「男性」欄には九八件の個人広告が掲載されている[33]。

掲載数の急拡大に対し警察当局は、一九六九年四月二八日、一九五九年猥褻出版物法（Obscene Publications Act 1959）にもとづく捜査令状をとり、IT編集部の捜索と証拠資料の押収をおこなった。ITは、五月二三日発行の五七号で「男性」欄掲載をいったん中断する。その後ITは、コモン・ローの「公衆の道徳を腐敗させ、公衆の良識を蹂躙（じゅうりん）する陰謀行為」があったとして起訴され、七〇年一一月一〇日、中央刑事裁判所の陪審裁判で有罪となった。GLF結成から一カ月足らずの時期にあたる。出版社への罰金のほか、当時の編集長を含む取締役三名に対し一八カ月の懲役刑（二年間の執行猶予付き）が言い渡された[34]。

GLFの発足時、自らの性差別に無自覚だったカウンターカルチャーとの関係は対立的でさえあったわけだが、ゲイ男性の欲求・要望に応えそれを反映する公的スペースを紙面で提供したという点で、ITはITなりのやり方でGLF運動の一翼をGLFに先んじて担ったものだったともいえる。中央刑事裁判所でのIT編集者らに対する有罪判決が下される直前に結成されたGLFは、その後まもなく、後段で述べるように、メインストリームに対する祝祭的ともいえる、カウンターカルチャー的な要素に彩られた種々の直接行動を次々に起こし、公的スペースの中に自らの「ゲイ・シーン」を押し広げていくことになる。

以上みてきたように、一九六七年に性犯罪法の改正があって男性同性愛行為の限定的な許容が法的に認められて三年後の時代であったにもかかわらず、親近性があった左翼政治や女性解放運動、カウンターカルチャーの世界においても、同性愛への理解はなお周辺的なものにとどまっていた。GLFの第一回目の会合が開かれたのは、そのような状況下にあった一九七〇年一〇月一四日だった。アメリカ合衆国から帰国したウォルターズは、夏が終わってLSEの学生生活に戻っていた友人に連絡を取った。LSEの地階にある教室に二〇名ほどの参加者が集まり、GLFは発足した。

三、GLFの活動の核心——当事者直接行動と街頭劇グループ

GLFは翌週の第二回会合で、街頭でチラシを配布して会合の宣伝をすることにした。友人からチラシを入手したS・フェザーは、ボーイフレンドとともに第三回の会合に出かけてみることにした。フェザーの記憶によれば、会合には五〇人ほどの参加があった。二〇歳代後半から三〇歳代初めの参加者もいたが、大半は二〇歳代前半だった。貧しい服装をした長髪学生に加え、アフガン・コートを羽織り、ネックレスやブレスレットを身につけたさらに長髪のヒッピーたちもいた。女性も二〇人ほどいて、一〇歳代もいたが半数以上は三〇歳代で、短髪とおしゃれなズボンをはいていた。フェザーは、バーやクラブで感じる人を見定めるような雰囲気とは違い、「誰もが温かくオープンだった」と回想している。彼自身は熱心なGLF活動家になっていったが、連れだって参加した皆がそうだったわけではない。一緒に会合に参加した彼のボーイフレンドと友人はかかわりを拒否し、やがては個人的な交友関係も途絶えてしまったという。[35]

発足してひと月後、一一月二五日の毎週会合には二〇〇人以上が参加するようになる。[36] 二七日に本稿の第一節で述べたハイベリ・フィールズでのデモをおこない、三〇日にはＧＬＦ内に生まれた「メディア・ワークショップ」グループによって機関誌 *Come Together* が創刊された。そこには街頭劇グループ (Street Theatre Group：ＳＴＧ) の結成も記されている。[37] 一二月九日にはＧＬＦの「諸原則」が条項ごとに投票に付されて採択された。

公共スペースでの社交の機会もＧＬＦは創出した。クリスマス直前の一二月二二日にはケンジントンの地区公会堂でＧＬＦのダンス・パーティーを開催。公共施設を借り、事前に告知されておこなわれたものとしては初めての同性愛者向け公開ダンス・パーティーだった。大盛況となり、七〇〇〜七五〇人は会場に入ることができたが五〇〇人が入れなかったと言われている。ヒッピー・スタイルの人からスーツ姿の人まで参加者は多彩だった。[38]

活動領域も拡大していった。冬休み期間でＬＳＥが閉鎖されていた三週間ほどのあいだ、ＧＬＦはロンドンのカウンターカルチャーの拠点の一つとして知られていたがすでに活動を休止していたアーツ・ラボの建物を借り、会合を開いた。この間に反精神医療グループ (Counter-Psychiatry Group) が結成され、ＧＬＦの運動全体を調整する運営委員会の設置も決まった。以下、ＧＬＦおよびその直接行動の特色を考えていくうえで最も重要だと思われるＳＴＧの活動および活動スタイルについてやや詳しく論じてみたい。

街頭劇のグループを構成していたのは、カウンターカルチャーや演劇の世界の経験者とその仲間だった。中心的メンバーでもあったフェザーによれば、一九七〇年一二月二三日の全体集会のときのＳＴＧへの参加者を募るアナウンスが始まりだったという。[39] 翌週の三〇日、映画監督デレク・ジャーマンの部屋を借りた第一回の会合に一五人ほどが集まった。一六歳のフェザーがヨークで知り合い、上京するまでパートナー関係にあった三歳年上のＪ・チェスターマンとその友人たちが参加した。チェスターマンは建築家を職業としていたが、同性愛者を公言して徴兵を忌避し、二年間の精神治療を命じられた経験があった。彼もその「家族」たる仲間も、カウンターカルチャーおよび演劇の世界と深いかかわりを持っていた。

STGが最初に広くその存在を知られるようになったのは、ミス・ワールド裁判をとおしてだった。一九七〇年一一月、WLMのメンバーを中心にした女性たちが、ロンドンのロイヤル・アルバート・ホールで開催されたミス・ワールド大会に反対してコンテスト進行妨害の直接行動をおこなったが、その結果逮捕者が出た。翌一九七一年二月四日、審理が開始されたボウ・ストリート治安判事裁判所で、WLMを支援すべくSTGはデモと街頭劇を上演する。同居していたゲイ男性カップルに誘われ、異性愛者の女性でありながら参加したJ・ウィンターは次のように記憶している。

私たちはボウ街の治安判事裁判所前での「ミス裁判」ショーを考案したのよ、司会者のボブ・ホープを笑い飛ばすことを主な目的として。みんな街頭劇なんて初めてだったから自信たっぷりな者は一人もいなかった。どうやって登場したらいいのか分からなかったから、誰かの家で衣装を着て、地下鉄に乗って現地までずっと演じながら行ったの。地下鉄に乗っていた人たちはみんなちょっと衝撃だったでしょうね。街頭劇の出し物のだいたいの基本的な流れは作っておいて、それにアドリブをかぶせた。コンテスト出場者役の女装した男性がたくさんいて、彼らを逆競り方式で通行人相手にオークションにかけたわけ。私は男装した競り人の役だった。信じられないでしょうけど、コヴェント・ガーデンの市場の人たちにはたくさん果物を投げつけられたわ。(40)

「ラディカル・ドラァグ」という戦略的ともいえる異性装の示威スタイルもSTGから生まれた。

ラディカルな異性装にまつわるすべてのことは、街頭劇から生まれたの。彼らは、偽の乳房を使うことなく、髭も剃らずに着飾ることを始めたわけ。最初のころは、敵意に対する防衛のために顔を白塗りにしていた。殴られないようにって思って、私たちは役者なんだって示そうとしていたわけね。(41)

ＳＴＧは、毎週のＧＬＦ全体会合で活動報告をおこなう際にも、異性装の演劇的手法をフル活用した。それは、同性愛者自身も内面化していたステレオタイプの性規範を問うと同時に、政治組織や社会運動の伝統的な意思決定規範を徹底して相対化しようとする戦略でもあっただろう。このような彼らのとんがった解放志向は内部の「真面目な分子」からは反発を招いた。[42] しかし、それは、既成秩序の関節をはずすような遊び心に満ちたカウンターカルチャー特有のミクロな政治実践だったと言える。また、人前で発言することが苦手な者も、演劇的な力を借りることで遊戯的な空気が醸成され、緊張に押しつぶされずに数百人の参加する全体会合で報告をおこなうことができるという民主性も備えていた。

ＳＴＧは立て続けに、ほかのＧＬＦグループとも連携しながら異性装での直接行動を繰り広げていった。一九七一年二月から一〇月までおこなわれた反精神医療行動もそのひとつである。[43] 同性愛を病気と見做して治療の対象と位置付けていた当時の精神医療のあり方を問題視していたＣＰＧの直接行動――同性愛嫌悪が含まれたアメリカ合衆国の精神科医執筆のセックス・マニュアル本を刊行した出版社や販売する大手書店への抗議行動、多くの精神科医が開業するハーリー街へのデモやビラまき、精神科医の学会への"zap"――などである。

尼僧に扮して会場に入場したり、ネズミを放った行為などで伝説的な語りにさえなっているのが、一九七一年九月九日にウェストミンスターのセントラル・ホールで開催された「光のフェスティバル」(Festival of Light)全国集会に対する直接行動である。[44] インドで布教活動をして帰国したバプティスト派の宣教師夫婦がイギリス本国のマスメディアにおける「露骨な」性的表現の広まりを危惧したことに端を発し、「ポルノグラフィーと道徳的汚染」に反対する運動が全国規模で開催される準備が始められた。[45] これに対して最も敏感に反応したのがカウンターカルチャーのコミュニティだった。先んじて行動に出たのはＧＬＦであり、なかでもＳＴＧが主導的役割を果たした。[46] その中心人物が前述のＪ・チェスターマンだった。フェスティバル運動への対抗ネットワークを秘密裏に組織し、仲間の一人の女性をフェスティバル事務局員として送り込んだ。彼女を通してあらゆる情報を入手のうえ偽情報を発するなどして、開催当日まで主催者側を妨害、攪乱した。[47] フェスティバルの開催阻止や粉砕を目論んでいたわけではない。マスメディアの耳目を集めて報道されることをとおして、主催者と参加者の道徳規範を嘲笑、愚弄、諷刺しようとしたのである。彼らは、原理主義的なキリスト教信者の厳粛なフェスティバルを、カウンターカルチャーの一大ハプニング劇の現場に変えてしまうことに成功した。[48]

多くの参加者が楽しかった思い出として記憶しているパフォーマティヴな直接行動が、オープン・スペースである公園でのゲイ・デーの実施である。最初のゲイ・デーは一九七一年四月、ホランド・パークで開催された。以後、ロンドン各地で五〇人から多いときには二五〇人が集まって開催され、そこでは競争を目的としない、参加者同士の信頼を醸成するための愉しい遊びのゲームをSTGが提供した。[49] L・パワーは、ゲイ・デーには三つの目的がみられると指摘している。公の場でもゲイとして楽しく時間を過ごすことができること、抗議活動ではなくゲームなどの愉しい遊びのプログラムを経験してもらうかたちでGLFに参加してもらうこと、ある種の「族」の集まりのようなかたちで楽しい時間を仲間内で過ごすこと、である。[50]

四、GLFの運動の「衰退」

GLFの運動のピークはいつだろう。イギリス初のゲイ・パレードである「カーニヴァル・パレード」がロンドンでおこなわれた一九七二年七月一日と見做すこともできるが、その半年あまり前の二月には、ロンドンGLFは全体としての凝集性と包摂性を失う兆しが現れたとの指摘もある。[51] 兆しとは、一九七二年二月九日の全体会合におけるゲイ女性大半の途中退場だった。[52] レズビアンの離脱がGLFの求心力を弱める転換点となったと感じた男性ＧＬＦ参加者も少なくなかった[53]。

固定的な性役割の規範を粉砕しようとしていたＧＬＦであっても、ジェンダー的な権力関係から自由なわけではなかった。集会での発言と進行は人数も多く声も大きい男性中心でおこなわれ、法律上いかなる性行動も刑法の取り締まり対象外だった女性同性愛者の経験や問題関心は軽視されていた[54]。若い世代の労働者階級出身の女性同性愛者のあいだではとくにＧＬＦからの分離独立の志向が強かったとされる。全体会合への参加比率が四対一で男性が上回っている以上、女性の声がＧＬＦ内で届くことはないのだから女性独自の「女性センター」を持つべきだという提案が出されていた[55]。

女性参加者の立場に理解を示す男性からも、女性たちの分離独立を後押しする声があった。しかし、それに対しても、家父長主義的な弱者庇護の態度や女性排除という隠された意図があるとの批判がなされた。女たちが出ていったのではなく、男たちに「追いだされたのであり、出ていくように操作された」[56]とＥ・ウィルソンは感じたという。また、スケグネスで開催された一九七一年一〇月の女性解放運動の第二回全国集会を契機に、ＷＬＭ参加者の間でレズビアニズムへの歩みよりがみられるようになったことも、ＧＬＦの重要性が減じる一要因となった[57]。一方で、なお歓迎されていると感じ、ＧＬＦの全体会合に引き続き参加した女性もいた[58]。ＧＬＦの全体会合への参加を止めたレズビアンたちにしても、ＧＬＦの個々の活動やイベントに参加を続ける者は少なくなかったようである。

そのほか同時期には、性交渉の合意年齢の平等を最重要課題として一九七一年五月ごろ結成されていた二一歳未満男性の「若者グループ」がＧＬＦとは独自行動をとるようになった例にもみられるように、課題別グループやロンドン内外の各地区に作られた地域別グループによる独自行動が広がり、全体会合による調整機能の重要性は減じた。一九七一年九月下旬発行のＧＬＦ機関誌 *Come Together* 第九号には一一の地方都市のグループの連絡先がリストアップされていたが、一九七三年七月発行の終刊号(第一六号)には、GLFと明示された地方グループだけでも二〇以上がリストアップされている。

GLF運動の「衰退」に関して、J・ウィークスは、運動内に認められるようになった主要な「亀裂」を四点指摘している。[59] 一方、三点を指摘しているのがL・パワーである。[60] 両者をふまえて筆者なりに整理すると、運動の主な「亀裂」は次の三点に集約しうる——(1)レズビアン・フェミニストと男性中心主義者、(2)ゲイ市民権獲得志向活動家(戦闘的運動組織推進派:ストレート・ゲイ)とラディカル・フェミニズムに同調したゲイ活動家(コンミューンによる共同生活実践派:ドラァグ・クイーン)、(3)社会主義者(政治革命派)とカウンターカルチャー派(セクシュアリティ解放運動派)。これらの「亀裂」が物理的暴力を伴う対立にもなり、それぞれのグループの志向性が「セクト化」する事態が深刻化した。しかし、このような仕方で「亀裂」を指摘し、運動の持続を肯定的に評価する物差しを当てて「衰退」を語ってしまうだけでは、GLFの運動があったからこそ顕在化し、認知され、定着していったその後のゲイ・コミュニティの諸相が見えなくなり、ひいてはその後のサッチャリズムの包摂力を過大評価することにもなるだろう。

五、「ゲイ・リベレーション」から「ゲイ・アクティヴィズム」へ

事務所が最終的に閉鎖される一九七四年二月、ロンドンGLFの活動自身はたしかに終焉した。しかしながら、GLFはより多様な、それぞれの政治的あるいは文化的志向にもとづいたゲイの当事者運動が公然と展開されうる環境というレガシーをイギリス社会に残した。新左翼というよりもアナキズムとの親和性が高いカウンターカルチャーの息吹を受けたGLFの「過激な」直接行動が一九七〇年代初頭に展開されて初めて、社交活動や自前

のメディアによる公然の意思表示が、それを望む者にはできるような環境が形成された。一九六七年の法改革があった後もなおクローゼットから出ることがきわめて困難だったイギリス社会のセクシュアリティの世界において、ＧＬＦが文字通り前線（front）に打って出る運動を展開した結果、「ゲイの人びとが自分たち自身のライフスタイルを展開することのできる社会的なスペースが著しく拡張された[61]」のである。

新たに形成されたその空間に、次世代を含む多様な個人や組織が加わって、新たな当事者活動が展開されていった。ＧＬＦ運動以後の時期、ゲイの人びとの当事者運動のすそ野が一層広がったことは確認できても、「衰退」したといえるような証左は見当たらない[62]。ＧＬＦ運動自体は短命だったが、社会運動とはおおむねそういうものだし、限られた時間と環境のなかで果たされた歴史的役割と機能にもっと注意が払われるべきである。

イギリス初のゲイ・パレード実施直前の一九七二年六月末には、同性愛者の市民権獲得志向の強かった一部のＧＬＦ参加者に、ゲイ穏健派の運動団体でＧＬＦの直接行動主義的運動に批判的だった「同性愛平等委員会」（Committee for Homosexual Equality：ＣＨＥ）が加わるかたちで、定期刊行誌 *Gay News* が刊行された。*Gay News* は、ニュースのほか、活動や運動、レジャーや社交情報、パートナー募集広告などを紙面で提供した。四年で販売部数は二万部に達し、自立した商業誌との評価さえあった[63]。ほかにもＧＬＦからは、電話相談業務をおこなう「アイスブレイカーズ」や、同じく電話でロンドンのゲイ・シーンの情報提供をおこなう「ゲイ・スイッチボード」といった活動プロジェクトが誕生した[64]。前者は「反精神医療グループ」から生まれ、最終的に南ロンドン地区のＧＬＦの協力を得て一九七三年五月からブリクストンで活動を開始した。当事者による当事者のための相談活動で、毎晩の電話相談のほかに週ごとにオフ会が組織された[65]。

ＧＬＦの運動に刺激を受けて活性化した穏健派の法改革運動団体もあった。マンチェスターを拠点にしていたＣＨＥはＧＬＦの影響を受け、一九七一年に名称を「同性愛平等キャンペーン」（Campaign for Homosexual Equality）

へと変更していたが、ＧＬＦ運動終焉後の時期にも彼らは継続して活動、カウンセリングをおこなう非営利組織「フレンド」も同組織から生まれている。[66] 一九七〇年代後半になると、保守党も含む政党や労働運動や専門職にもゲイ・グループが存在するようになり、全国学生組合(National Union of Students)もゲイの権利を公式に承認し、各大学のゲイ・サークル(gay society)に補助金を出すようになった。[67]

以上のように、ＧＬＦの後継となったプロジェクトの多くは、ＧＬＦの際立った特徴だったカウンターカルチャーの直接行動から、より多くのゲイの人びとの多様な欲求や要望に寄り添う活動へと変容している。ファーンバックはこれを「ゲイ・リベレーション」から「ゲイ・アクティヴィズム」への転換ととらえ、後者の指針として、「ゲイという誇り、差別に反対し同性愛の社会的批准を求める闘い、コミュニティの自助」を挙げている。[68]

おわりに――ＧＬＦ／カウンターカルチャーとサッチャリズム

ＧＬＦ運動は、ゲイに対するイギリス社会の認知を対抗的直接行動の力とカウンターカルチャー的な方法で変化させようとした試みだった。しかし、大多数のゲイの人びとの公然化した欲求や要望に応えていくことができたのは、当事者自身が実践し展開した運動やメディアというよりも、商業的利害だったとする指摘がある。マジョリティのゲイの人びとのより個人主義的な欲求や要望を経済的需要というかたちで捕捉し、組織化するのに最も成功したのは、非営利の運動圏ではなくビジネスであり市場であったという主張である。たとえば、マンチェスターを拠点とするゲイ活動家のＪ・シアーズ(一九五二―二〇一二)は、それまで十分に手が付けられていなかった「ゲイ市場」に対し、旧来の性規範が揺らぎ「許容する社会」が浸透しはじめた六〇年代後半から七〇年代前半期において、イギリスでは主としてパブやクラブのかたちで商業的なゲイ・シーンの開拓がなされたと指摘した。ゲイの人びとの大多数は、非営利の当事者運動からではなく、商業的なゲイ・シーンで提供された優れた設備を有する出会いの場から直接的な恩恵を被ったのだという主張である[69]。はたしてＧＬＦの運動は、ゲイ・シーンの商業化や商品化の露払いをしたにすぎなかったのだろうか[70]。

たしかに、たとえばイギリスの戦後若者文化が若者市場の台頭を伴って拡大していったように、社会的・文化的認知はしばしばその対象の市場化と商品化を伴って拡充する[71]。しかし、前節でみてきたように、同性愛者の自前のゲイ・シーンや社会的ネットワークは商業化の波に飲み込まれて失われるどころか、形を変えながらも継続し、拡充した点を忘れてはならない。それは、サッチャー政権下一九八〇年代前半のエイズ感染症の広まりを機に始まったゲイ・バッシングに対する粘り強い抵抗の基盤ともなった[72]。ＧＬＦの集合的運動経験は、運動からの離脱や運動終焉後の個々人の人生の中で失われてしまったわけでもない。本稿でみてきたＧＬＦの運動経験は、個人主義を後押しする面だけが強調されがちな個々人の自己肯定感や自信が、共同性・協働性を持ったコミュニティが拡充する中でこそ育まれ、生き続ける局面があることを示している。ＤＩＹ精神に満ち、商業化されるには異質すぎるカウンターカルチャー性に富んだＧＬＦの運動に確認できる自己表出的な個人主義もまた、戦後の福祉国家的イギリス社会で育まれた「民衆的個人主義」の一潮流として理解できるだろう。そしてそれは、サッチャリズムに飲み込まれることもなければ、サッチャリズムのもとで昂進したと言挙げされる「貪欲な」個人主義とも大いに異なるものとして、いまなおイギリス社会にそのレガシーを残しているのではないだろうか[73]。

（１）　戦後イギリス社会におけるカウンターカルチャーの歴史的重要性については、左翼政治との比較で論じたA. J. Reid, "The Dialectics of Liberation: The Old Left, the New Left and the Counter-culture", in D. Feldman and J. Lawrence (eds.), *Structures and Transformations in Modern British History*, Cambridge University Press, 2011 を参照。

（２）　研究書としては、J. Weeks, *Coming Out: Homosexual Politics in Britain from the Nineteenth Century to the Present*,

1990 rev. ed.; L. Robinson, *Gay Men and the Left in Post-War Britain: How the Personal Got Political*, Manchester University Press, 2007 がある。多数のインタビューをもとにGLFの運動経験を活き活きと描いたオーラル・ヒストリーで一次史料としても使われることの多い L. Power, *No Bath But Plenty of Bubbles: An Oral History of the Gay Liberation Front 1970–73*, Cassell, 1995 は必読。運動当事者の回想録としては S. Feather, *Blowing the Lid: Gay Liberation, Sexual Revolution and Radical Queens*, Zero Books, 2015 が特筆される。

（3）この出来事に関する記載は主に *Come Together*, 1 [Nov. 1970] に依拠している。参加人数は、この出来事を報じた全国日刊紙『タイムズ』によれば八〇人(*The Times*, 28/11/1970)、参加者の一人S・フェザーも八〇人(Feather, *Blowing the Lid*, 2015, p. 60)、M・ブラウンによれば五〇人(Power, *No Bath*, 1995, p. 31)だった。

（4）イズリントンをはじめとするロンドン労働者地区のジェントリフィケーションに関しては、Joe Moran, "Early Cultures of Gentrification in London, 1955–1980", *Journal of Urban History*, 34(1), 2007 を参照。

（5）Feather, *Blowing the Lid*, 2015, p. 59.

（6）*Come Together*, 1 [Nov. 1970] に掲載。

（7）この点については、市橋秀夫「ウルフェンデン報告書と価値規範の変容——イギリスにおける同性愛犯罪法改革の社会史 一九五七～一九五九年」『埼玉大学紀要教養学部』四二—一、二〇〇六年を参照。

（8）Power, *No Bath*, 1995.

（9）P. Tatchell, "1970s Gay Liberation Front Challenged Gender", Peter Tatchell Foundation (website), 3/5/2016, (https://www.petertatchellfoundation.org/1970s-gay-liberation-front-challenged-gender/, accessed 5/5/2024).

（10）Power, *No Bath*, 1995, p. 15; Feather, *Blowing the Lid*, 2015, pp. 37–45; J. Weeks, *Coming Out*, 1990 も参照。

（11）Robinson, *Gay Men and the Left*, 1990 の第一章を参照。

（12）Power, *No Bath*, 1995, p. 4. West Ham College はその後統合され、現在はイースト・ロンドン大学。

（13）Power, *No Bath*, 1995, p. 16.

（14）Power, *No Bath*, 1995, pp. 4–8.

（15）S. Watney の回想：Power, *No Bath*, 1995, p. 45.

（16）S・フェザーは一九四〇年に地方都市ヨークでチップ・アンド・フィッシュ店を経営する両親のもとに生まれた。義務教育を終えて一五歳で工場で働き始め、英国鉄道で事務員などを経て一九六〇年に上京。GLFでは、街頭劇グループやコンミューン運動に参加。いわゆるラディカル・クイーンの一人だった。Feather, *Blowing the Lid*, 2015, pp. 50–79 を参照。

（17）これはGLFが全体集会で投票により採択した「諸原則」の第一条項で、Power, *No Bath*, 1995, p. 36 に引用されている。

（18）「ゲイ」という言葉は、一九七〇年ごろには男女双方の同性愛者を指す言葉として使われるようになっていた言葉で、女性同性愛者も「レズビアン」ではなく「ゲイ・ガールズ」のほうがよく使われていたという。「ホモセクシャル」という言葉は、上品な、差別的意味合いの少ない記述用語として広く使われた。「クイア」は当時、ゲイに対する決定的な差別語だった(Power, *No Bath*, 1995, p. 13)。

(19) A・ウィアの回想：Power, *No Bath*, 1995, pp. 39–40. マッキントッシュは三〇歳代半ばの社会学者、ウィルソンは当時マッキントッシュのパートナーで、精神医療系のソーシャル・ワーカー、ウィアは他の二人より八歳ほど年下だった。

(20) K. Birch, "A Community of Interests", in B. Cant and S. Hemmings (eds.), *Radical Records: Thirty Years of Lesbian and Gay History, 1957–1987*, Routledge, 1988 p. 54. GLFのコンミューン運動については、重要だが本稿ではふれる余裕がない。

(21) GLF最初の"think-in"は一九七一年一月一六日に開催。その報告と"think-in"に対してGLF内でみられた意見の相違などについては、*Coming Together*, 4 [Feb. 1971], pp. 9 and 13 および Power, *No Bath*, 1995, pp. 45–46を参照。第二回の"think-in"の開催は五月八日、GLFの組織や会合運営といった重要テーマでおこなわれ、各グループの調整委員会の設置や毎週開かれていた総会 general meetings の改革が決定された(*Come Together*, 5 [May 1971], p. 4)。

(22) Power, *No Bath*, 1995, pp. 77–79.

(23) ロビンソンはこれらの共通点を、GLF結成の三年以上も前の一九六七年七月に開催されたロンドンでの「解放の弁証法集会」で取り上げられたテーマをカウンターカルチャーの代表事例として検討するかたちで抽出している。L. Robinson, "Three Revolutionary Years: The Impact of the Counter Culture on the Development of the Gay Liberation Movement in Britain", *Cultural and Social History*, 3(4), 2006, p. 458.

(24) この段落の記述は、GLFに参加した世代の異なる三人の男性同性愛者が自己経験を回想した座談記録(B. Thorneycroft, J. Weeks and M. Sreeves, "The Liberation of Affection", in B. Cant and S. Hemmings (eds.), *Radical Records*, 1988, pp. 155–168)に依拠している。

(25) ポールについては、B. Miles, *London Calling: A Countercultural History of London since 1945*, Atlantic Books, 2011, p. 199、ジョンについては、N. Fountain, *Underground: The London Alternative Press 1966–74*, Routledge, 1988, p. 192を参照。

(26) *IT*, 1(50), 14/2/1969, p. 1. 一九七三年の夏には六〇年代末の最盛期の半分の二万部に落ち込み、同年一〇月一六四号で第一期は終刊となった(Miles, *London Calling*, 2011, pp. 306–308)。

(27) N. Fountain, *Underground*, 1988, pp. 32–33 and 54.

(28) たとえば、J. Green, *All Dressed Up: The Sixties and the Counterculture*, Pimlico, 1998, pp. 400 and 414–415に引用されている女性たちの証言を参照。

(29) Power, *No Bath*, 1995, p. 25.

(30) *Come Together*, 8 [Aug. 1971], p. 7.

(31) 一九六七年の七月、私的空間における二一歳以上の男性同士の同性愛行為は刑事罰の対象から除外されたが、紙面での言及は見当たらない。三カ月後になって、裸の男性カップルの写真を素材にしたイラスト表紙の号が「合意男性」のキャプション入りで発行されたのみだった(*IT*, 1(20), 27/10/1967)。

(32) *IT*, 1(28), 5/4/1968, p. 14 and 1(47), 1/1/1969, p. 17.

(33) *IT*, 1(55), 25/4/1969, p. 26.

(34) *IT*, 1(92), 19/11/1970, p. 2. H. Cocks, "Conspiracy to Corrupt Public Morals and the 'Unlawful' Status of Homosexuality in Britain after 1967", *Social History*, 41(3), 2016, DOI: 10.1080/03071022.2016.1180899 も参照のこと。

(35) Feather, *Blowing the Lid*, 2015, pp. 50–51.

(36) *Come Together*, 1 [Nov. 1970], p. 1.

(37) *Come Together*, 1 [Nov. 1970], p. 4.

(38) *Come Together*, 5 [Apr. 1971], p. 3. Power, *No Bath*, 1995, pp. 34–35 も参照。

(39) フェザーのＳＴＧに関する回想は、Feather, *Blowing the Lid*, 2015, pp. 70–75 and 84–88 および西ヨークシャーの自治体文書館サービス支援するプロジェクト「ＷＹＱＳ」が公開しているインタビュー、S. Feather, "Stuart Feather: Full Interview", interviewed by Rachel Larman, 4/3/2019(https://wyqs.co.uk/stories/no-one-would-believe-there-was-such-a-thing-as-a-gay-policeman/stuart-full-interview/, accessed 5/5/2024)を参照。

(40) Power, *No Bath*, 1995, pp. 48–49.

(41) Ｓ・ウィンターの回想：Power, *No Bath*, 1995, p. 54.

(42) Ｊ・ウィンターの回想：Power, *No Bath*, 1995, p. 55.

(43) Power, *No Bath*, 1995, pp. 90–101. *Coming Together*, no. 7 [July 1971], p. 8.

(44) *Come Together*, 9 [Sept. 1971], pp. 1 and 8.「光のフェスティバル」運動とその支持基盤については、A. C. Whipple "Speaking for Whom?: The 1971 Festival of Light and the Search for the 'Silent Majority'", *Contemporary British History*, 24(3), 2010, DOI:10.1080/13619462.2010.497254 を参照。

(45) Power, *No Bath*, 1995, pp. 137–138.

(46) Ａ・ラムズデンの回想：J. Green, *Days in the Life: Voices from the English Underground 1961–1971*, Pimlico 1988, p. 381.

(47) Ｊ・チェスターマンの回想：Power, *No Bath*, 1995, pp. 138–139.

(48) ＧＬＦをはじめ、ＷＬＭやＩＴやＯＺからの参加者も含めておよそ一五〇人が当日の会場に一般の入場者として参加し、ハプニング劇に参画した。「光のフェスティバル」に対するGLF側の対抗的取り組みについてはPower, *No Bath*, 1995の第一一章を参照のこと。

(49) Feather, *Blowing the Lid*, 2015, pp. 106–107. フェザーによれば、ゲイ・デーの着想は、「CNDフェスティバル」から得たものだという。

(50) Power, *No Bath*, 1995, p. 106.

(51) 一九七二年の秋にはロンドンGLFの全体会合はしばらく中断され、再開後は月例の特別会合が開かれるようになり、GLF全体の活動に関わると言えるものは事務所運営グループが出し続けた週報のみになったという(Power, *No Bath*, 1995, pp. 273–274)。

(52) 「私たち四、五人は残ったけど、あとの三〇人くらいが出ていった」との回想がある(N. Pollard の回想：Power, *No Bath*, 1995, p. 241)。

(53) P・タチェルやA・ラムズデンの回想(Power, *No Bath*, 1995, pp. 240–241)や、J・フィリップスの回想記録であるJ. Phillips, "Coming to Terms", in B. Cant and S. Hemmings (eds.), *Radical Records*, 1988, pp. 65–66を参照のこと。フィリップスは、ロンドンの下町イースト・エンド出身で、義務教育後、シティで事務雑用係として働いていた。

(54) GLFと女性同性愛者との錯綜した関係についてはE. Hamer, *Britania's Glory: A History of Twentieth-Century Lesbians*, Cassell, 1996, pp. 196–198およびR. Jennings, *Tomboys and Bachelor Girls: A Lesbian History of Post-War Britain 1945–71*, Manchester University Press, 2007, pp. 127–130を参照。

(55) *Come Together*, 11 [Jan. 1972], p. 8.

(56) Power, *No Bath*, 1995, p. 240.

(57) Feather, *Blowing the Lid*, 2015, pp. 254–264に引用された参加者各人の証言を参照のこと。

(58) N・ポラードの回想：Power, *No Bath*, 1995, p. 238–239.

(59) J. Weeks, *Coming Out*, 1990, pp. 200–204.

(60) Power, *No Bath*, 1995, p. 247.

(61) D. Fernbach, "Ten Years of Gay Liberation", *Politics and Power 2: Problems in Labour Politics*, Routledge & Kegan Paul, 1980, p. 179.

(62) Fernbach, "Ten Years of Gay Liberation", 1980, pp. 178–181を参照。

(63) J. Weeks, *Coming Out*, 1990, p. 222. *Lunch*, *Gay Marxist*, *Gay Left*など、ピンナップ誌も複数刊行されるようになった。

(64) *Gay News*, 42, 14/3/1974. 準備過程については、*Gay News*, 31, 6/9/1973, p. 3; *ibid.*, 38, 17/1/1974, p. 5.

(65) *Gay News*, 28, 26/7/1973, p. 12; *ibid.*, 46, 9/5/1974, pp. 1 and 4.

(66) J. Weeks, *Coming Out*, 1990, p. 215. スコットランドにはＣＨＥと傾向の似たScottish Minority Groupが存在した。

(67) J. Weeks, *Coming Out*, 1990, p. 217.

(68) Fernbach, "Ten Years of Gay Liberation", 1980, p. 179.

(69) J. Shiers, "One Step to Heaven?", in B. Cant and S. Hemmings (eds.), *Radical Records*, 1988, pp. 232–247.

(70) たとえば、モーウィックは、「六〇年代の変化の核心にあったほとんどの運動、サブカルチャー、新しい組織は、起業家的な、利益生産精神にすっかり浸されていた」と一般化している(Marwick, *The Sixties: Cultural Revolution in Britain, France, Italy and the United States, c. 1958–c. 1974*, 1998, p. 13)。初期のＧＬＦ運動の中心的な女性参加者でもあった社会学者のＥ・ウィルソンも、保守党は六〇年代を批判するのではなく感謝すべきだとし、個人主義、消費主義、愛への貪欲、拝金主義などは八〇年代のポストモダンを「予示」していたものであり、六〇年代はいまや現実となっている文化的ハプニングスや芸術的抗議の奇抜な予行演習だったとする(E. Wilson, "Memories of an Anti-Heroine", in B. Cant and S. Hemmings (eds.), *Radical Records*, 1988, p. 49)。

(71) 消費社会が個人の自由や多様な生き方の実現に持つ意味については、貞包英之『消費社会を問いなおす』ちくま新書、二〇二三年が参考になる。

(72) たとえば、ＧＬＦに参加したＪ・フィリップスは、運動の中でゲイであることに自信を得たあと運動を離脱した。しかし、一〇年後、エイズが広まり同性愛嫌悪が顕在化すると運動に復帰し、エイズ患者を支援するテレンス・ヒギンズ財団でボランティア活動に従事した(J. Phillips, "Coming to Terms", 1988, p. 66)。

(73) 近年のいくつかのイギリス戦後政治社会史研究は、「民衆的個人主義」("popular individualism")のほか、「無骨な個人主義」("rugged individualism")「地場の社会民主主義」("vernacular social democracy")といった概念で、イギリス庶民にとって個人主義と集団主義は対立ではなく相互補完関係を持ち、戦後イギリス社会においてともに定着し内実化されてきたものであることを指摘する。「無骨な個人主義」はM. Savage, "Sociology, Class and Male Manual Work Cultures," in J. McIlroy et al. (eds.), *British Trade Unions and Industrial Politics: Volume Two: The High Tide of Trade Unionism, 1964–79*, Routledge, 1999、「地場の社会民主主義」はJ. Lawrence, "Vernacular Social Democracy and the Politics of Labour", *The Social Review*, 2020 (https://www.thesocialreview.co.uk/2020/12/10/vernacular-social-democracy-and-the-politics-of-labour/)を参照。カウンターカルチャーの各種の実験的プロジェクトは、商業化の波に乗ったわけではなく、むしろそれによって破壊されたといえる。この点については、B. Miles, *London Calling*, 2011や、J. Davis, *Waterloo Sunrise: London from the Sixties to Thatcher*, Princeton University Press, 2022のとりわけ一六章を参照。

第5章 「危機の時代」の北アイルランド問題
――バーミンガム・アイリッシュの経験から

尹 慧瑛

はじめに

戦後イギリス史の再検討という目的を掲げる本書において、北アイルランドをめぐる状況はどのように位置づけることができるだろうか。一九七〇年代を「危機の時代」として描く政治的言説において、北アイルランド紛争は確かに「陰鬱な」イギリスのイメージを構成する一要素である。しかし、その北アイルランドとは、災い（＝「テロ」）によってのみ可視化される「隔たれた場所」(A Place Apart)でもあった。本稿の目的は、人びとがそれぞれの日常を生きるなかで、集団的アイデンティティに回収されない自己実現のあり方を追求していた時代として一九七〇年代を捉え直そうとした時、その背景の一つである北アイルランド問題が、どのように語られ、あるいは語られなかったのかをあぶりだそうとするものである。なかでも戦後イギリス社会における「内部の他者」であった在英アイリッシュの経験に焦点をあてることで、人種やアイデンティティをめぐる線引きが個人の語りにどのように現れるのか、それが集団的アイデンティティにどう作用するのかについても検討したい。

一、一九七〇年代の北アイルランドとブリテン

北アイルランド紛争の始まり

イギリスの正式名称が指し示す通り、北アイルランドは連合王国を構成するひとつの地域である。ブリテンによるアイルランド植民地支配が、アイルランドの南北分断および北アイルランドの連合王国残留として帰結したのちも、北アイルランド内部には、「解決」しきれなかった課題がさまざまに引き継がれた。かつての入植者につらなるプロテスタント系住民の多くが連合維持を望む「ユニオニスト」であり、少数派であるカトリック系住民の多くが南アイルランドとの統一を指向する「ナショナリスト」であるという点で、北アイルランドは成立当初から内部に二つのコミュニティを抱えていたのである。

一九六〇年代末に登場する公民権運動は、両者のあいだに横たわる構造的な格差に対するカトリック系住民を中心とした「異議申し立て」であった。ユニオニスト政権下での選挙権や公営住宅の割り当て、雇用などにおける差別的政策の改革を求めて、北アイルランド各地でデモ行進や集会がおこなわれたが、やがてこうした運動を快く思わないプロテスタント系過激派勢力や地元の武装警察とのあいだで緊張が高まっていき、一九六九年八月のデリーでの住民間の衝突を機に、北アイルランドは紛争へと突入する。

当初は治安維持の目的で派遣されたイギリス軍は、やがてカトリック系住民と対立していき、(再)組織化されたアイルランド共和軍(IRA)、それに対抗して創設されたプロテスタント系の武装組織、地元警察などが中心となって、暴力の応酬が続いた。一九七一年にはIRAを取り締まる目的でインターンメント(非常拘禁制度)が導入され、多くの無実のカトリック系住民が裁判なしに拘留された。一九七二年一月のデリーでの集会はこれに反対を呼びかけるものであったが、一三名のカトリック市民がイギリス軍に射殺されるという「血の日曜日事

件」に発展し、ＩＲＡの活動はピークに達した。同年三月に北アイルランド議会は停止され、イギリスによる直接統治が開始された。日常化した暴力は北アイルランドにおいて「われわれ」と「かれら」という二項対立的な見方を増長させ、「分断社会」(divided society)をもたらし、居住区、教育、雇用、婚姻などによってコミュニティの分断が再生産されていった。[1]

テロリズムへの眼差し

対岸の火事であった北アイルランド紛争は、やがてイギリス本土にも影響を与えていった。一九七〇年代半ば以降、ＩＲＡ暫定派は「本土」での爆破キャンペーンを展開し、公共交通機関や要所などをターゲットにしていったのである。なかでも一九七四年には、一〇月から一二月にかけてギルフォード、バーミンガム、ロンドンで立て続けにパブ爆破事件が起き、多くの死傷者を出した。バーミンガムでの事件直後の一一月二九日にはテロリズム防止法(Prevention of Terrorism Acts)が制定されている。[2]

ターゲットには王室関係者や政府の要人も含まれていた。一九七九年八月には、マウントバッテン卿(故エリザベス女王の配偶者であったフィリップの叔父)が休暇先のアイルランドで、ＩＲＡ暫定派がボートに仕掛けた爆弾によって暗殺された。また、その少し前の三月には、サッチャーの側近で影の北アイルランド担当大臣であったアイリー・ニーヴが、議事堂の地下駐車場に停めた車にアイルランド民族解放軍(ＩＮＬＡ)が仕掛けた爆弾によって暗殺された。サッチャー自身も一九八四年、宿泊していたブライトンのホテルでの爆破事件で一命をとりとめている。

こうして、日常生活にランダムに現れる「暴力」は、イギリス本土に暮らす人びとにとって非常に厄介なものとなった。公共交通機関や駅などで持ち主のわからない荷物はまず警戒の対象とされた時期である。他方でイギリスのメディアは、燃えるベルファストや連日起きる暴力事件にかんするショッキングな映像をニュースの一幕として提供するものの、多くの人々にとってそれは背後にどのような文脈が存在するのかを理解する手助けとはならなかった。北アイルランドは「せいぜいイギリス人の道徳意識の端っこにあるもの」、つまり悲劇的な出来事や、死亡者数、残虐行為はグレート・ブリテンの人びとに衝撃を与え、悲しみをもたらしたかもしれないが、それはあくまで隣人の苦しみであって身内のものではなく、また、インターンメントや、イギリス軍による射殺や、武装組織との共謀といった、イギリス当局が北アイルランドでおこなっていた一連の行為は、ブリテンの市民的自由への脅威ではなく、特殊なアイルランド事情への対応とみなされたのだった(3)。

「問題」の外部化

このある種の乖離(かいり)、つまり、北アイルランド問題は「われわれの」問題ではないという姿勢は、イギリス政府による対北アイルランド政策にもよく現れている。ルアンとトッドは、サッチャーの言葉を引きながら次のように述べている。

立憲的な意味においては、北アイルランドは連合王国を構成する一部である。しかしながらブリテンの政治エリートの認識において北アイルランドは、地理的にも歴史的にも、そして文化的にも「隔たれた地」である。北アイルランドは、グレート・ブリテンとはことごとく異なる独自の複雑な歴史的動態と政治文化を持つアイルランド島という、より大きな存在の一部なのだ(4)。

したがって、イギリス政府は「内政問題」として北アイルランドの「治安維持」に注力するとともに、一九七三年のサニングデール協定に始まり、一九九八年の和平合意(聖金曜日合意)に至るまで、あくまで「調停者」としての中立性を打ち出すことに注意を払ってきた。このことが、紛争を長期化させた要因の一つでもあり、また北アイルランド問題におけるユニオニスト勢力の頑なな姿勢の根拠にもなってきたのである。

また、同時期の知識人における北アイルランド問題への「無関心」も注目に値する。小笠原博毅は、「イギリス左翼知識人における無意識の北アイルランド排除の中に、イギリス左翼がアルスター紛争の激化以来保持し続けてきた、最大の当事者であるにもかかわらず、無関係と不干渉を決め込む逆説的なイングランド・ナショナリズムを見てしまうのである」と指摘している(5)。

こうした、イギリスにおける北アイルランド問題の外部化をめぐっては、そのこと自体がなぜ語られてこなかったのか、どのように語られてこなかったのかを見る必要がある。二〇一七年刊行のドーソン、ドーヴァー、ホプキンスによる『ブリテンにおける北アイルランド紛争』は、この点を明らかにした初の論文集であり、この問題をアカデミックな文脈でとりあげることがいかに困難であったかを示唆している。一九九〇年代のピース・プロセスの時期においても、そうした試みはごくわずかな断片的なものであったとし、政治的エリートにとっても一般市民にとっても北アイルランドの歴史的かつ現在における位置づけが、イギリスの政治、社会、文化にとって一般になじみのないものであったということ、その背後には紛争にまつわる諸問題をできる限り遠ざけたいという後ろめたさや無関心があったとする(6)。あるいは、イーノック・パウエルのように、いちはやく北アイルランド問題が持つ「危なさ」に注目した者もいた。スコフィールドは、パウエルが生まれ故郷のバーミンガムでおこなった一九六八年の「血の川」演説やそれに続く演説の根底に、帝国の記憶のみならず、北アイルランドでの暴力的な衝突や公民権運動が、政府や議会の権威を失わせることへの嫌悪と恐怖を見出している(7)。

そうしたなかで興味深いのが、北アイルランドに派遣されたイギリス兵の家族によるキャンペーンである(8)。一九七一年二月に北アイルランドでの任務中に命を落とした最初の兵士が出て以降、イギリス軍の撤退を求める声がいっとき世論においても高まった。その後一九七三年から一九七四年にかけて展開されたのが「アルスターから息子たちを取り戻そう」(Bring Back the Boys from Ulster)というキャンペーンだった。一九七三年五月に新聞各紙に掲載された広告や記事をつうじて同じ立場の家族に向けられた呼びかけは、合計三回の請願書において総計約二五万人分の署名を集めるにいたった。この運動は、紛争におけるイギリス当局の「正当性」を揺るがすという意味で極めてデリケートな問題を含んでいた一方、息子たちの帰還を切望する母親たちの言説には、多くのアイルランド蔑視、もしくは北アイルランド問題への無理解がひそんでいた。ある母親は、こう述べている。

息子たちを早くひきあげさせて、あとは残った彼らだけで争わせればいいんです。まともな家族だけがイギリスに来るべきで、アジア人には住むところを探してあげたでしょう。……もし宗教の違いで互いに争いあうアイリッシュのようなおかしな人たちのせいで、息子を失い、孫たちが父親を失うのだとしたら、息子はそんなことのために死ぬには値しないと考えます。(9)

二、「内部の他者」としての在英アイリッシュ

アイルランド移民

こうした一九七〇年代の状況において、「アイリッシュである」ということはイギリス本土において極めてセンシティヴな問題をはらむものであった。詳細は第三節のバーミンガムにおけるアイリッシュの経験を通じて論じることとするが、本節では在英アイリッシュをめぐる背景と位置づけについて、一九七〇年代を含むその前後において概観する。

戦後イギリスにおける最大のマイノリティ・エスニックである在英アイリッシュの歴史には、いうまでもなく、イギリスとアイルランドのあいだの植民地関係が横たわっている。イギリスによるアイルランド支配は一二世紀

にさかのぼるが、一七世紀にはイングランドやスコットランドからの大規模な植民があり、プロテスタントの入植者とカトリックのアイリッシュという支配—被支配の構造が出来上がった。その後アイルランドは一八〇一年に連合王国に組み込まれ、一九世紀には自治・独立運動がさかんになったが、ようやく英連邦内の自治領として部分的独立を達成したのが一九二二年である。そして一九四九年には英連邦からも脱し、「アイルランド共和国」として完全独立を果たす。

この二〇〇年以上にわたる歴史的過程のなかで、アイルランドはイギリスにとって最大の移民の送り出し地であった。主食のジャガイモの凶作による一八四〇年代の大飢饉の際にその数は激増したが、次いで、一九五〇年代から六〇年代にかけては、鉄道や道路、トンネル、ビルの建設や工場労働者として、五〇万人以上が海を渡ったとされ、一九七一年までには、南北あわせたアイルランド出身者の数は九五万人を超えていた(10)。また、それらのアイルランド移民のうち半数以上を女性が占めていたことも忘れてはならない。彼女たちの多くは看護師や教師、家事労働者として従事した。最も近く、往来のしやすい隣国は、イギリスにとって労働力の調整弁としての役割を果たしてきたのである。

こうしたことから、移住者の地理的分布も、就労構造と密接に結びついていた。二〇世紀初頭までには、スコットランドの南西部やイングランド北西部のランカシャー、ロンドンがその主な行き先であり、また、バーミンガムやマンチェスター、リヴァプールなどの製造業の中心地も、伝統的にアイリッシュ・コミュニティを多く抱える地域である。二〇世紀後半には、イングランドの中部からロンドンにかけての地域にも増えていった。一九八〇年代以降は、サービス部門における雇用が急増したことにより、若い世代のアイルランド出身者がロンドン首都圏に定住したのである。**図1**は、一八五一年から一九九一年までのセンサスにもとづいた、各地域における「アイルランド生まれ」が占める割合を示したものである。それぞれの時期に特徴的な移住パターンが見られる

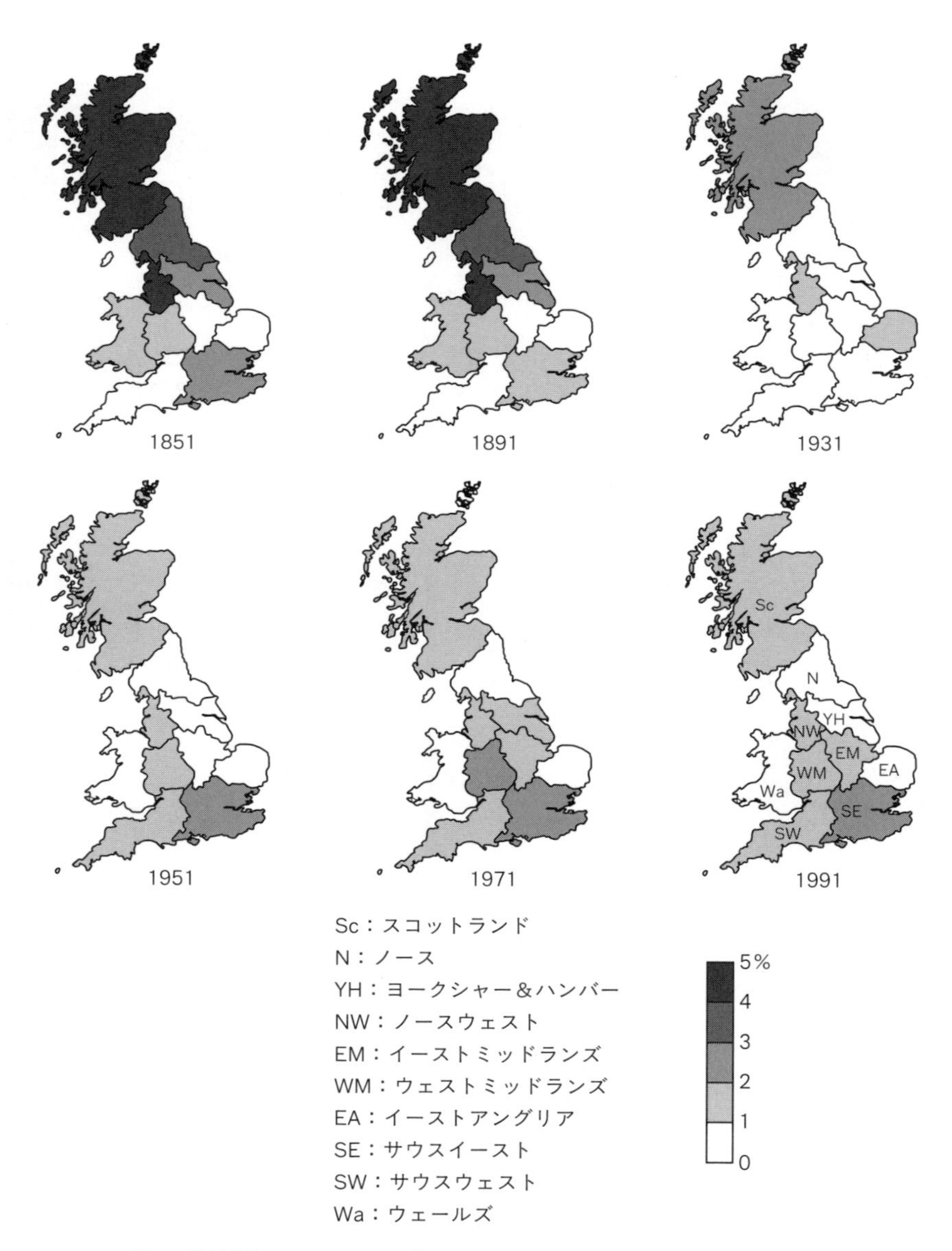

図1　地域別総人口における「アイルランド生まれ」の割合(1851-1991)

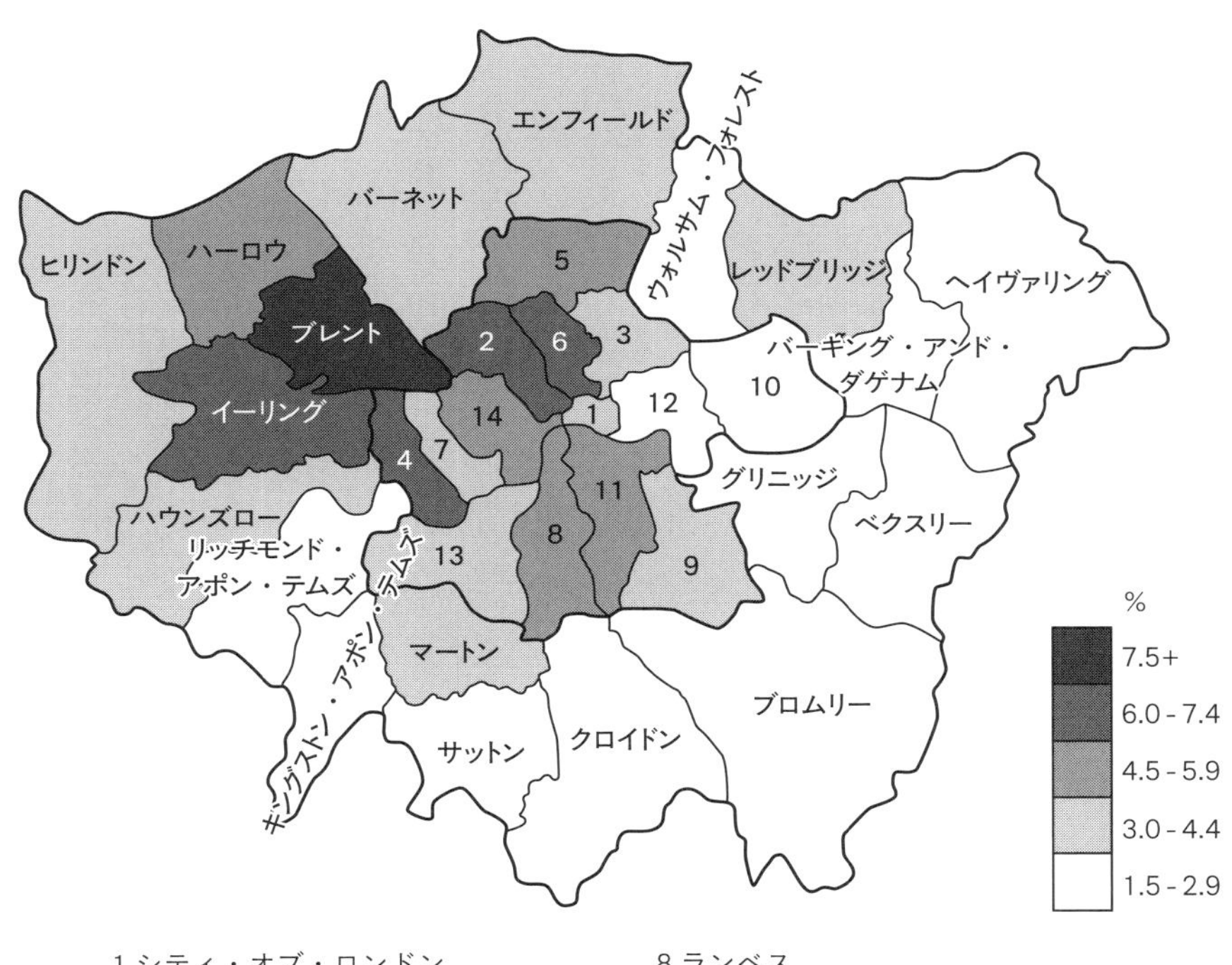

1 シティ・オブ・ロンドン	8 ランベス
インナー・ロンドン特別区	9 ルイシャム
2 カムデン	10 ニューアム
3 ハックニー	11 サザーク
4 ハマースミス・アンド・フラム	12 タワー・ハムレッツ
5 ハーリンゲイ	13 ワンズワース
6 イズリントン	14 シティ・オブ・ウェストミンスター
7 ケンジントン・アンド・チェルシー	

図 2 グレーター・ロンドン特別区の総人口における「アイルランド生まれ」の割合(1991)

出典：ともに，注(34)Hickman & Walter: Commission for Racial Equality, 1997.

ものの、一九九一年の時点ではブリテンのほぼ全域に分布していることがわかる。また、おなじくロンドンには「アイルランド生まれ」のうち三六%が居住しており、特にブレント、イーリング、ハマースミス、カムデン、イズリントンなどの北西部に集住の傾向が見られた(図2)。

不可視化と同質性の神話

これだけの数の、複数世代にわたるエスニック・コミュニティがなぜ可視化されてこなかったのか。それは、イギリスの戦後の移民政策が、ひとえに「白人」と「非白人」の二項対立にもとづいて展開されてきたことによる。第二次世界大戦後のイギリスは、旧植民地である新英連邦諸国からの大量の移民を受け入れてきた。一九四〇年代後半にはジャマイカやトリニダードなどカリブ海諸島から、一九五〇年代後半から六〇年代にかけては、インドやパキスタン、バングラデシュなど、インド亜大陸からの移民が数多く流入した。これは戦後のイギリスにおける切実な労働力不足と送り出し国側の経済状況とが結びついた結果であったが、これらの移民にたいして、イギリス社会は次第に厳しい反応を見せていく。それは、増え続ける移民がイギリス社会を混乱させ分裂させかねないという、いわばマジョリティにとっての不安と恐怖に裏打ちされたものであった。一九五八年にはいくつかの地域で移民にたいする襲撃が相次ぎ、これを契機に移民の存在が社会問題化され、一九六二年、一九六八年、そして一九七一年と、移民規制のために移民法が次々と改正されていった。他方で、アイルランドからの移民は、なによりも「白人」不熟練労働者の安定的な供給源として、これらの規制の対象外とされた[11]。

こうして、大量の「非白人」移民の流入を前にして、在英アイリッシュの持つ文化的・宗教的な異質性は、「白人の一体性」の神話の前に消し去られたのである。しかしこのことは、アイルランド移民への差別がなかったことを意味するものではない。アイリッシュは、植民地の歴史における「劣った」者として、イギリス社会の周縁に位置づけられた者として、根強い偏見にさらされてきた。アイルランド訛りは「無教養」や「愚かさ」の象徴であり、道ばたで浴びせられる罵倒のきっかけであり、嘲笑の的だった。[12]また、明らかにアイリッシュとわかる名前のせいで、職にありつけないこともあった。こうした、日常的な差別の眼差しを回避するために、アイルランドの名前をイングランド風に変え、アイルランドのアクセントをひた隠しにし、みずからのアイリッシュネスを閉じ込めることで同化に身を委ねる者も多かった。同時期に「非白人」移民をめぐる差別がクローズアップされ、人種関係法（一九六五年、一九六八年、一九七六年）の制定がおこなわれていく過程でも、在英アイリッシュの経験は取るに足らないものと見過ごされてきた。しかしながら、労働者向けの宿の多くに「アイルランド人、黒人、犬お断り」（*No Irish, No Blacks, No Dogs*）の貼り紙があった光景を、在英アイリッシュの第一世代は、差別の経験とともに記憶している。[13]

アイリッシュ・コミュニティ

多くの在英アイリッシュにとって、ブリテンは異国の地、「けっして故郷にはなりえない場所」（the place never been like home）として映った。異国で彼らを支えたのは、彼らを迎え、また居場所を提供してくれる同郷のつながりだった。カトリック教会は人々を支える社会的中心であり、アイリッシュ・パブやダンスホールは、過酷な労働やブリティッシュからの眼差しを逃れて故郷を思い起こし同郷人とつながるために欠くことのできない場であり、アイルランド音楽の調べやダンスは、ひとときの癒やし、アイリッシュネスの再確認であった。一九五〇年代には各地にアイリッシュ・ローカルクラブや団体がつくられ、助けを必要とする人々への支援をおこなっていた。同郷会は社交やダンスの場を提供するとともに、寄付を募り社会福祉の充実に深く関わっていった。こうした活動は、在英アイリッシュが定住した先々の地域アイデンティティを育む契機となり、また社会階層においてはより多様な人々を結びつけることにもなった。[14] 特によく知られているのは、カムデンにあるロンドン・アイリッシュ・センターである。アイルランドのカトリック教会による基金をもとに一九五五年に創設され、到着したばかりの移民の宿泊所、就労・定住支援の拠点、社会交流の場として、中心的な役割を果たしてきた。

こうしたブリテン各地に散らばるローカルなアイリッシュ協会やクラブ、支援団体をつないできたのが、一九七三年に創設されたアイルランド社会連盟である。福祉や健康、住宅にかんする助言や、アイルランドのダンス、音楽、演劇、芸術、スポーツなどのイベントの実施、アイルランド語の講座など、コミュニティの活性化と支援に尽力する一方で、在英アイリッシュの存在をイギリス社会に知らしめるための調査をおこなうとともに、政府や議会に地位向上を働きかけるキャンペーンをさまざまに展開してきた。また、一九七〇年に創刊された *Irish Post*（週刊）は、在英アイリッシュの「声」を広く届けるとともに、アイルランド関連のフェスティバルや行事とタイアップすることで、イギリスにおけるコミュニティの可視化にも大きな貢献を果たしてきた。

「個人化」の契機

ところで、異国の地でアイリッシュネスを拠り所とする契機とはまた別に、故郷におけるさまざまな伝統や規範から解放される「個人化」の契機があったことも忘れてはならない。ディレイニーは、アイリッシュが田舎から大都会に出て新しい暮らしに適応していこうとするなかで、カトリック教会やゲーリックスポーツ、ダンスホールなどの「なじみの」要素に囲まれて外界から閉じこもるばかりではなく、変わりゆくイギリス社会、すなわち道徳的権威が低下し、セクシュアリティや性的役割、若者の役割、個人の権利、自由といったことにかかわる規範が弱まっていった一九六〇年代の「寛容なる社会」といった変化が、在英アイリッシュにも大きな影響をもたらしたことを指摘している。[15] また、ヘイズリーも、戦後に復興を果たしたイギリス社会が、若いアイリッシュ、とりわけ若いアイリッシュ女性に実際の機会を与えたと述べる。彼女たちは、労働市場において新たな機会を得ただけでなく、流行のファッション、レジャー、社会的交流、そしてロマンティックな冒険をも手に入れた。言い換えれば、ロンドンやバーミンガム、マンチェスターといった都市は、両親や神父の監視の目を逃れて、若い独身のアイリッシュ女性がさまざまな資源、自由、そして楽しみの場にアクセスし、そのことが「現代的な」女性らしさとして広く行き渡っている女性の自立という近代的なファンタジーをかなえたかもしれない場所となったのだ。(16)

私は、アイルランド西部生まれで、アイルランドに大いなる愛情を抱いていますが、同様にロンドンにも強い愛着を持っています。イングランドもまあ好きだとは言えますが、ロンドンという都会が本当に好き。……初めて地下鉄に乗ってピカデリーに行った時、夏の夜だったけれどネオンが本当に綺麗で夜空に輝く星みたいだった。故郷では決して、決して見ることのできない景色。正直なところ、ロンドン以外には住みたくないくらい。(17)

移住の際、スーツケース一つを抱え単身でロンドン・ユーストン駅に降り立ったというこのアイリッシュ女性の語りからは、「ロンドン」という場所がみずからのアイデンティティに占める比重の大きさが見て取れる。

しかしながらこうしたアイリッシュ女性が、イギリス社会であるいはイギリス女性たちからどのような眼差しを受けたのかについては、個別の語りを注意深く見ていく必要があるだろう。(18)

三、バーミンガム・アイリッシュの経験

本節では、在英アイリッシュの姿を初めて量的・質的に浮かび上がらせた一九九七年刊行の『ブリテンにおけ

る差別とアイリッシュ・コミュニティ』(*Discrimination and the Irish Community in Britain*)をはじめ、インタビュー記録や映像、自伝などをもとに、一九七〇年代前後の在英アイリッシュの経験について論じる。なかでも北アイルランド紛争のインパクトを最も大きく受けたとされる「バーミンガム・アイリッシュ」に着目する。

「ホーム」としてのバーミンガム

古くから工業地帯として知られるイギリス第二の都市バーミンガムは、戦後のアイルランド移民の主な行き先の一つでもあった。今日のバーミンガムはパキスタン系を筆頭に、住民の約半数を非白人が占めるマルチ・エスニックな都市である[19]。戦後移民の流入が大きく目立ち始めたのは一九七〇年代以降であり、一九五一年のセンサスでは、バーミンガムの人口が約一一一万人であったうち、新英連邦諸国生まれは約五〇〇〇人、アイルランド生まれは約三万六〇〇〇人だったのが、一九七一年のセンサスでは、バーミンガムの人口が約一〇一万人であったうち、新英連邦諸国生まれは約六万八〇〇〇人、アイルランド生まれは約五万六〇〇〇人であった[20]。しかしながら、一九五〇年代前後に移住したアイリッシュ第一世代のもとに誕生した第二世代はこの「海外生まれ」に含まれないため、一九七〇年代においても、新英連邦諸国出身者を上回るアイルランド系住民がいたことは想像に難くない。

二〇二〇年にBBC4で放映されたドキュメンタリー・シリーズ“A Very British History”の一つは、バーミンガム・アイリッシュに焦点をあてている[21]。バーミンガムで生まれ育ったアイリッシュ三世でミュージシャンのアンジェラ・モランが、みずからのアイデンティティを訪ね歩く旅として番組は進んでゆく。戦後復興のために大量の労働力を迅速に必要としていたバーミンガムには、一九五〇年代以降、求人広告や紹介をたよりに数多くのアイルランド移民がやってきた。男性は、肉体労働者として道路や線路、ビルなどの建設現場に従事する者が多く、一九七二年に開通したシティセンターの北東に位置するインターチェンジ、通称「スパゲッティ・ジャンクション」も、アイリッシュ男性たちの働きなくしては存在しえなかったランドマークである。「俺たちが街を作った」(We built the city)と、ある女性は父の言葉を回想している。[22] また多くのアイリッシュ女性たちは看護師やバスの車掌としてリクルートされ、アイルランドでは望めなかった自立とあらたな人生を手に入れた。

シティセンターのディグベス(Digbeth)にある、バーミンガムとイングランド各地をつなぐバスターミナル横には、今も "A Hundred Thousand Welcomes"（アイルランドに古くから伝わる「歓迎」をあらわすゲール語の英訳）の大きな赤い看板がかかっている。次々にやってくる同郷のアイリッシュが同じ宿の一つの部屋にひしめき合って暮らしている光景も珍しくはなかった。ディグベスには、いくつものアイリッシュ・パブ、カトリックの聖アン教会、アイリッシュ福祉・情報センター（一九五七年創設）[23]、アイリッシュ・センター（一九六七年創設）[24]などがあり、バーミンガム・アイリッシュの拠点となってきた。

しばしば "heart of Irish community" と呼ばれるこれらの象徴的な場所はいずれも市の中心部にあるものの、実際のアイリッシュの居住地は一九七〇年代ごろにはバーミンガム市全域にわたっていた。そのような彼らの「文化」や「伝統」が可視化されるのが、毎年三月一七日にディグベスを行進するセント・パトリックス・デイ・パレードである。アイリッシュ・ディアスポラの祝祭として世界各地でおこなわれるパレードであるが、バーミンガムのそれはニューヨークと並ぶ知名度の大規模なコミュニティ・フェスティバルであり、バーミンガム・アイリッシュのアイデンティティ形成に深く寄与してきた。「バーミンガムには根強い文化的コミュニティがある――最良のアイリッシュ・ダンサーたちや素晴らしい音楽、それらがセント・パトリックスの日に一堂に会するのだ[25]」。

モランはバーミンガムをみずからの「故郷」(home)と呼ぶが、これらの人々の語りをつうじて確認できるのは、在英アイリッシュがみずからのアイデンティティを移住先の場所と強く結びつけている点である。「アイルランド系イギリス人」(Irish-British)という代わりに、「ロンドン・アイリッシュ」「マンチェスター・アイリッシュ」といった呼称はごく一般的である。[26] バーミンガム大学で教鞭をとり、バーミンガムの地元紙でも長くコラムを書いてきた郷土史家のカール・チンは、自身が生まれ育ったバーミンガムでのアイリッシュとの交わりについて、近所の子どもたちとよくサッカーをしたこと、周りのほとんどはアイリッシュのバーミンガムっ子(Irish Brummies)で、あたらしく仲間に入る子がいると "Are you Brummie or Brummie Irish?" と聞かれたこと、ただしそれは決して攻撃的なものではなく、答えが得られればそれで終わるごく普通のやりとりだったと振り返っている。[27] バーミンガム・アイリッシュの歴史を書くにあたり、たくさんの手記や写真が彼のもとに寄せられたが、そうした一人一人の経験や記憶を自分の文章をつうじて編集してしまうのではなく、それらの声や写真をありのまま載せることにした[28]という彼は、アイリッシュとブリティッシュがバーミンガムという都市で育んできたコミュニティ・ヒストリーを体現する一人である。

バーミンガムパブ爆破事件

アイリッシュ二世で二三歳のユージン・ライリーと二〇歳のデズモンド・ライリー兄弟は、ニュー・ストリート駅近くのパブでその日の夜を過ごしていた。店内には一〇〇名ほどがおり、彼らと同じく二〇歳前後の若い客で賑わっていた。いつもと変わらない夜だった。次の瞬間、巨大な爆発音が建物を襲った。客の目のつかない部屋の端に置かれたブリーフケースに二つのアラーム時計と爆薬が仕掛けられていたのだった。轟音(ごうおん)が鳴り響く中、あたり一面に破片が飛び散り、人びとは黒焦げか傷だらけになり、衣服は爆破の衝撃で引き裂かれていた。化学繊維の服は高熱で溶け、ひどい火傷を引き起こした。店の外にいたバスの乗客でさえ血だらけだった。そのあと天井が崩壊し、あたりは真っ暗闇、コンクリートの破片で埋め尽くされた。ユージンとデズモンドは帰らぬひととなり、兄弟の遺体は父ジョン・ライリーによって確認された[29]。

一九七四年一一月二一日の夜八時過ぎ、バーミンガム中心にある複数のパブに仕掛けられた時限爆弾が爆発し、二一名が死亡、一八三名にのぼる重傷者がでた。警察はただちにＩＲＡ暫定派の犯行とみて、六人の無実のアイリッシュを逮捕・起訴し、裁判所は翌年終身刑を言い渡した。俗に「バーミンガム・シックス」として知られるイギリス最大の冤罪事件である[30]。一一月二九日には「テロリズム防止法」が制定され、これ以降七〇〇〇人を超えるアイリッシュが尋問や拘禁のターゲットとなった。この法律の下で取り調べを受けたり、逮捕・拘留されたりした人びとの経験を調査したヒルヤードは、「協力者のほとんどが、自らの身に起きたことを細部に至るまでよく記憶しており、決して忘れることのできない、生涯にわたって影響を及ぼし続ける」トラウマだったと述べている[31]。アイリッシュ・コミュニティは「疑わしき」ものとしてのレッテルを背負わされたのである。

アイリッシュ・コミュニティへのバックラッシュ

「一九七四年のあのパブでの事件について、その後しばらくは大変な状況だったと……。どれくらいそれは続いた？」

「三、四年は続いたと思う。本当に、本当にひどい状況だったから。当時私はシティセンターで働いていて。アイリッシュ訛りも強かったので。事件にはすごく心を痛めた。ライリー兄弟もよく知っていたし。うちの子たちと一緒に登校していたの。……姉はうちからそんなに離れていないところに住んでいて、周囲にもアイリッシュがたくさんいた。家や窓にあらゆるものを投げつけられて」

「よく覚えている？」

「とても。姉の家の門のところで、人殺し！　アイリッシュの豚野郎！　殺人者は焼かれてしまえ！　とにかくこういったことを叫ばれて、姉は怖くなってうちに一緒に住むことになって。姉のうちの外の庭にゴミくずが置かれて、ある夜誰かが火をつけようとしたって。家が燃えてしまうって」

「本当にひどかったんだね」

「ええ、ほんとうに。たいへんな時代だった。バスの中でも脅されて。翌日友人たちがバスに一緒に乗ってぴったりくっついてくれて。ほんとうにひどい状況だった[32]」

上記は、ロンドンの在英アイリッシュ資料館(Archive of the Irish in Britain)に収蔵されているオーディオコレクションのうち、二〇〇一年一〇月にバーミンガムで収録されたオーラル・ヒストリーの記録の一部である。一九四九年にイングランドに渡ってきたこの女性は、ディグベスにあるアイリッシュ・センターの受付として長く勤め、五〇年以上バーミンガムに暮らしてきた。聞き手は彼女の半生をひとつずつ順にゆっくりと尋ねているが、一九七四年の事件のことになると、それまでのやりとりのリズムが少し重苦しくなるのが伝わってきた。

彼女が繰り返し述べるように、この時期のバーミンガムのアイリッシュたちの経験は筆舌に尽くしがたいものであった。ライリー兄弟のように、爆破事件で命を落とした者のなかにも多数のアイリッシュがおり、また、負傷者の手当をしたのはアイリッシュの看護師たちであった。しかし、アイリッシュは「テロリスト」と同列に見なされた。ディグベスのアイリッシュ・センターは襲撃され、通りでは「奴らを絞首刑にせよ」とのデモ行進が繰り広げられ、隣人や職場の同僚からの嫌がらせが相次いだ。男性たちは、アイリッシュと分かるや否や、「テロリズム防止法」の下で無差別の尋問や拘留の対象となった。女性たちは食料を買いに行った店先で声を出すことができなかった。アイリッシュ・アクセントを聞かれてしまうからである[33]。

この「沈黙の強制」は、多くの証言によって示されている。在英アイリッシュがブリテンにおいて「見えない存在」とされる一方で、明らかにマジョリティの「白人」とは異なる社会・経済状況に位置づけられていることや、アイリッシュに対する差別的感情が社会全般に見られることを実態として明らかにするよう、アイルランド社会連盟をはじめとするアイリッシュ支援団体は人種平等委員会(Commission for Racial Equality：CRE)に強く働きかけてきた。イギリス政府は一九六二年、一九六八年、一九七一年と三度にわたる移民法によって移民の規制をすすめると同時に、すでに入国した移民との「良好な人種関係」の促進に向けて人種関係法を制定・改定していた。CREは一九七六年の人種関係法のもとで設置された、差別の防止や調停に際するより強い権限をそなえた組織である。CREはアイリッシュ支援団体からの要請を重く受け止め、一九九四年にアイルランド研究センターに調査と報告書の作成を委任した[34]。一九九七年に刊行された『ブリテンにおける差別とアイリッシュ・コミュニティ』は、一九九一年センサスとその他の統計、コミュニティ・グループおよび支援機関を対象とした定性調査(in-depth interview)、個人を対象としたインタビュー結果にもとづく、二八六頁に及ぶ報告書である。第三部は、個々のアイリッシュが受けた差別経験を扱っており、その中でバーミンガム在住の三三名の個人を対象におこなわれた綿密なインタビュー結果がまとめられている。

爆破事件のあと、バーミンガムでは反アイルランド感情が極度に高まったため、職場における衝突を避けるべくアイリッシュの労働者は帰宅を命じられた者もいたと言う。

　夫は職場から放り出された。私たちがやったことではないし私たちに責任があるわけではない。でも夫は車工場に勤めていて、職場にはスパナやハンマーがあった。夫は恐怖に震えていた。警察が夫たちを家に送るためにバスを寄こした[35]。

仕事を続けた者はひたすら存在を見えなくされ(「叔母は職場で一切話しかけられなくなった[36]」)、隣人とのあいだでは罵声やからかいの言葉を浴びせられる、電話で脅迫されるなどの経験をした者が多かった(「通りを歩いていると、私がアイリッシュだとわかりモリー・マローン[37]を歌われた。ひどく傷つき、頭がおかしくなりそうだった」「イングリッシュは、前日までとは打って変わった態度で、私たちを汚いものでも見るかのようだった」「子どもを焼き殺して、もといたところに送り返してやるという脅迫電話があった。警察を呼んで、電話番号を変えた」[38]）。店やパブなどの公共の空間でも、アイリッシュは村八分にされた（「その頃はおかしな空気が流れていた。私たちは店でも相手にしてもらえなかった」「面と向かって何か言われなくても、恨みがそこにあるのはわかった。パブでは歓迎されなかった。ただじっと黙っているしかなかった」「家にこもった。撃たれるんじゃないかという恐怖でいっぱいだった」[39]）。また、トラブルを避けるためにアイリッシュ・アクセントを変えるか、人前で話さないことでアイリッシュであることを隠したりするケースが、特に女性に多く見られた[40]。

自身もバーミンガムで二〇年近く生活し、一〇〇名近くへのインタビューを通じて、バーミンガム・アイリッシュのアイデンティティについて博士論文をまとめたキレーンは、この時期多くのアイリッシュが自らのアイリッシュネスを「軽んじる」（play down）必要があったことを指摘している[41]。あるアイリッシュ一世の女性は、こう述べている。

> かれら（イングリッシュ）が私たちのことを悪く言うのを責めることはやっぱりできない。爆破事件のことを知った時、アイリッシュであることを本当に恥じたもの。本当に具合が悪くなったし、自分にできることがあるならしなくちゃと思った。病院で（看護師として）すすんで何時間も残業したし、他の人のシフトもよく代わってあげた。良いアイリッシュもいると思ってもらえるように[42]。

また、アイリッシュでいつづけることのプレッシャーに耐え切れずに「イングリッシュになる」ことを選ぶ者もいた。ある男性は、爆破事件の後に学校でいじめにあったのち、今後はイングリッシュとして振る舞うことを決め、部屋に貼ってあったゲーリックフットボール選手のポスターを引き剝がし、イングランドのナショナルサッカーチームの写真に替えたという。[43] このように、集団として向けられるマジョリティからの敵意を、自己犠牲的な行動や、みずからのアイリッシュネスを放棄するといった個々の行動をつうじてかわそうとした人々が多くいたのである。

先述した『ブリテンにおける北アイルランド紛争』にバーミンガム爆破事件についての論考を寄せているローラ・オライリーは、バーミンガム育ちのアイリッシュ三世である。彼女はこの時期のアイリッシュ・コミュニティの記憶を、家族史として掘り起こすことを試みている。一九七四年以前まで、イギリスのアイリッシュ・コミュニティの多くは、アイルランド統一を目的に掲げるＩＲＡの理念は支持しつつも、テロリズムという暴力には同調しないという姿勢をとっていた。しかしながら、事件はその慎重な線引きを消し去るものとなり、アイリッシュは武装組織とイコールで結ばれてしまったのである。[44] 事件以降自分たちに向けられた眼差しがいったいどういうものであったか、またそれが明確なレイシズムであったということを、オライリーは研究者でありながら同時に家族の一員として紐解き、対話を試みている。家族がこの事件についてざっくばらんに語れるようになるまでに半世紀の時が必要だったという、最後の言葉が重くのしかかる。[45]

おわりに

一九七〇年代を象徴する北アイルランド紛争のインパクトは、イギリスに根を下ろしていた在英アイリッシュに深く突き刺さった。「白人性の神話」の下で、その存在を見えなくされてきたアイリッシュは、みずから同化を推し進めたのではなく、“heads down”＝「身をひそめて」いたのである。オブライエンは、とりわけ反アイリッシュ感情が先鋭的であったバーミンガムのアイリッシュがとらざるを得なかった言語的・文化的戦略について論じている。[46] そうしたなかで、バーミンガム・アイリッシュが耐え忍んだのが、一九五七年から毎年三月一七日におこなわれてきたセント・パトリックス・デイ・パレードの長期にわたる開催中止であった。爆破事件の翌年一九七五年に断念されたパレードが再開されたのは、北アイルランドのピース・プロセスが進展した一九九六年、じつに二一年後のことであった。

一九七〇年代以降の在英アイリッシュは、白人／非白人の二項対立のもとで、違いはないことになっているのに実際には差別があること、差別があるのにその存在が見えなくされてきたことにより、「個人」としての具体的な経験が「集団」としては認知されないというジレンマを抱えこむこととなった。そこには「目に見える」(visible)エスニック・マイノリティに対する複雑な心情も見て取れる。この「集団」と「個人」のせめぎあいが、やがて複層的でひらかれたアイデンティティへと継承されていくとき、一九七〇年代のバーミンガム・アイリッシュの経験は若い世代の目にどう映るのだろうか。

(1) 詳細は拙著『暴力と和解のあいだ――北アイルランド紛争を生きる人びと』法政大学出版局、二〇〇七年、第二章を参照のこと。

(2) これら一連の事件で容疑者とされたアイリッシュはいずれも冤罪であり、それぞれ“Guildford Four”“Birmingham Six”“Maguire Seven”と呼ばれた。

(3) Joseph Ruane and Jennifer Todd, *The Dynamics of Conflict in Northern Ireland: Power, Conflict and Emancipation*, Cambridge: Cambridge University Press, 1996, p. 225.

(4) *Ibid.*, p. 224.

(5) 小笠原博毅「文化政治におけるアーティキュレーション――「奪用」し「言葉を発する」こと」『現代思想』二六(四)、一九九八年三月臨時増刊、二七五頁。

(6) Graham Dawson, Jo Dover and Stephen Hopkins (eds.), *The Northern Ireland Troubles in Britain: Impacts, Engagements, Legacies and Memories*, Manchester: Manchester University Press, 2017, pp. 2-3.

（7）Camilla Schofield, *Enoch Powell and the Making of Postcolonial Britain*, Cambridge: Cambridge University Press, 2013, pp. 303–309.
（8）Paul Dixon, "'A real stirring in the nation': military families, British public opinion and withdrawal from Northern Ireland", in Dawson et al.(eds.), *The Northern Ireland Troubles in Britain: Impacts, Engagements, Legacies and Memories*.
（9）*Ibid.*, p. 48.
（10）Census 1971.
（11）Mary J. Hickman, "Reconstructing deconstructing 'race': British political discourses about the Irish in Britain", *Ethnic and Racial Studies*, 21: 2, 1998.
（12）Bronwen Walter, *Outsiders Inside: Whiteness, Place and Irish Women*, London: Routledge, 2001, p. 164.
（13）Enda Delaney, *The Irish in Post-War Britain*, Oxford: Oxford University Press, 2007, pp. 122–126.
（14）*Ibid.*, pp. 172–173.
（15）*Ibid.*, pp. 128–129.
（16）Barry Hazley, *Life History and the Irish Migrant Experience in Post-War England: Myth, Memory and Emotional Adaption*, Manchester: Manchester University Press, 2020, pp. 99 100.
（17）Archives of the Irish in Britain, *I Only Came Over for a Couple of Years...*, 2006(https://youtu.be/M90ryWmhQI?si=q3uiSLACb-Erq13b). ＊最終アクセス日は二〇二四年一一月八日。
（18）この点において、アイリッシュ女性を「内なる他者」と位置付けたWalter（2001）は必読の書である。第三章 "Inside the Pale: constructions of Irish women's place in Britain" では、（イギリス女性にとっての）「私たちと同じ」／「私たちとは違う」ジェンダー化されたアイリッシュが論じられている。
（19）Census 2021.
（20）Robert Woods, "Ethnic segregation in Birmingham in the 1960s and 1970s", *Ethnic and Racial Studies*, 2: 4, 1979, p. 456.
（21）BBC4, *A Very British History: Birmingham Irish I am*, 2020.
（22）*Ibid.*
（23）一九九三年創設のアイリッシュ・コミュニティ・フォーラムと二〇〇九年に提携し、現在はバーミンガム・アイリッシュ協会がその機能を引き継いでいる。
（24）アイリッシュ・センターは二〇二〇年一月に閉鎖され、ディグベス一帯における大規模な再開発事業が進行している。
（25）Gudrun Limbrick, *A Great Day: Celebrating St Patrick's Day in Birmingham*, Birmingham: West Point, 2007, p. 90. この書籍は、バーミンガムにおけるセント・パトリックス・デイ・パレードの歴史と記憶を保存する目的で編まれたオーラル・ヒ

ストリー・プロジェクトの成果である。
(26) 対照的に、一九八〇年代以降「ブラック・ブリティッシュ」「アジアン・ブリティッシュ」「ブリティッシュ・チャイニーズ」といった自称がエスニック・マイノリティのコミュニティから聞かれるようになったことは、ブリティッシュネスにおける白人性の問題と深く関連することを指摘しておく。
(27) Carl Chinn, *Birmingham Irish: Making Our Mark*, Birmingham: Birmingham Library Services, 2003, p. 6.
(28) *Ibid.*
(29) James Moran, *Irish Birmingham: A History*, Liverpool: Liverpool University Press, 2010, pp. 185–186.
(30) 事件および裁判の詳細については、ジャーナリストの Chris Mullin による *Error of Judgement: The Truth About the Birmingham Bombings*, London: Chatto & Windus, 1986 を参照のこと。なお、六人への容疑が晴れて無罪となったのは、一九九一年三月である。
(31) Paddy Hillyard, *Suspect Community: People's Experience of the Prevention of Terrorism Acts in Britain*, London: Pluto Press, 1993.
(32) Archives of the Irish in Britain, *Oral History Recordings: Birmingham*, October 2001.
(33) BBC4, *A Very British History: Birmingham Irish I am*, 2020.
(34) 一九九四年にCREがアイリッシュへの差別にかんする調査への財政援助を公表した時、『タイムズ』『サン』を含む各新聞はその必要性について批判的な論調の記事を掲載した。特に『サン』は、四〇ほどの「アイリッシュ・ジョーク」を一面に掲げたという(Nuala Katherine Killeen, "Culture, Identity and Integration: The Case of the Irish in Birmingham", PhD. Thesis submitted to the University of Birmingham, 2002, p. 76)。まさにこうした日常生活やメディアによる表象に蔓延しきった「言葉の暴力」を公的に明らかにしてみせたのも、この報告書の成果の一つである。
(35) Mary Hickman & Bronwen Walter, *Discrimination and the Irish Community in Britain*, London: Commission for Racial Equality, 1997, p. 205.
(36) *Ibid.*
(37) ダブリンを舞台にしたアイルランドの歌。ラグビーのアイルランド代表チーム応援歌でもある。
(38) Hickman & Walter, *op. cit.*, p. 206.
(39) *Ibid.*, p. 206–207.
(40) *Ibid.*, p. 229.
(41) Nuala Katherine Killeen, "Culture, Identity and Integration: The Case of the Irish in Birmingham", PhD. Thesis submitted to the University of Birmingham, 2002, p. 127.

(42) *Ibid.*

(43) *Ibid.*

(44) Laura O'Reilly, "The Birmingham pub bombings, the Irish as a 'suspect community' and the memories of the O'Reilly family", in Dawson et al. (eds.), *The Northern Ireland Troubles in Britain: Impacts, Engagements, Legacies and Memories*, p. 287.

(45) *Ibid.*, p. 297.

(46) Sarah O'Brien, "Negotiations of Irish identity in the wake of terrorism: the case of the Irish in Birmingham 1973–74", *Irish Studies Review*, 25 : 3, 2017.

第6章　「踊りの場」の人種差別

浜井祐三子

はじめに

「ホースフォード氏は金銭での示談には関心はなく、道義的問題として可能な限り追求したいと考えている。……彼は自分が受けたような仕打ちが繰り返されるようなことがあってはならないと強く感じている。彼の身に起きたことの全てが大変に屈辱的であると感じており、ゆえに憤りも強い。……ホースフォード氏はこの先メッカ(ダンスホール)を訪れたいとも思わないし、よってこの先の来店の機会を提供するよう我々(から店側)に求めてもほしくないと考えている[1]」

本稿は、一九六八年人種関係法(Race Relations Act)の第1部第2条(以下、第2条)「品物、施設、サーヴィスの提供」に関わる規定に基づいて、ダンスホールやディスコなど、主に若者が踊りや音楽を楽しむ場から排除されたとの訴えが、当時の内務省管轄下にあった規制機関である人種関係協議会(Race Relations Board：ＲＲＢ)によってどのように扱われたか、その内実をイギリス国立公文書館に残る文書を用いて明らかにしようとする。そこから見えてくるのは、マイノリティの人びとが法律に訴えることで日常的な差別（ここでは娯楽の場からの排除）に抗おうとする姿であり、一九七〇年代前半[(2)]、イギリスの人種関係政治における「個人」の資質の重視がマイノリティの権利の行使を時に阻んでしまうという「新自由主義的」状況である。それらの検証を通じて、人種と「民衆的個人主義」との関わりについて考えることが、ここでの課題となる。

一、歴史的背景

まず本稿で検証する諸問題の背景として、①一九七〇年代の人種をめぐる状況、②人種と踊りの場の関係、③人種関係法の成立と改正の三つの点について、先行研究を踏まえつつ述べていくことにしたい。

人種をめぐる状況

一九七〇年代は人種が国内の政治的イシューとしての重要性を増した時代であったと言える。一九六〇年代から七〇年初頭にかけて、イギリスはかつての植民地である英連邦、特に新英連邦と呼ばれた地域（とりわけカリブ海諸島とインド亜大陸）からの移民を制限する法律を制定した（一九六二・一九六八年英連邦移民法および一九七一年移民法）。これをもって、入国管理における人種の喫緊性は、一九七二年のウガンダからのアジア人流入危機の事例を除き一旦収束したかのように思われた。だが、国内においては人種による差別や排外主義、またそれへの抵抗の波動が高まりつつあった。

一九六八年に悪名高い「血の川」演説をおこなった庶民院議員イーノック・パウエルの排外主義的言説は、一九七〇年代に入ってからも支持を集め続けた。また、ウガンダをはじめ東アフリカからのアジア人の流入は排外主義を刺激し、レスターなど一部の地方議会では移民排斥や強制帰還を主要政策として掲げる極右政党「国民戦線」の台頭というかたちで表面化した。(3)

しかし、パウエルや国民戦線などの排外主義はこの時代の人種関係政治を彩るひとつの側面にすぎない。この時代は同時に、そのような排外主義や蔓延する差別への抵抗運動が芽生えた時期でもあった。その中心となったのは左派や学生運動と結びついた反ファシズム運動の動きと、そしてマイノリティ自身、特に若者を中心とした抵抗の動きであった。(4)

この時代、いわゆる「人種関係」言説のなかで、第二世代の若者たちの存在感が高まりつつあったことも、本稿の背景としては重要である。多くがイギリス生まれ、ないしは幼少期からイギリスに居住し、教育を受けた彼らの存在は、「移民」の存在を疎ましく思う保守派にとっても、彼らの「統合」を重視するリベラル派にとっても、ある種の脅威と捉えられた。前者は究極の解決法である「強制帰還」の及ばない存在として警戒し、後者は社会によって公正に扱われない不満を彼らが募らせた時に生じる爆発的な状況を恐れたのである。

同時に、この時代は人種をめぐり広範囲にわたって社会的な変容が生じつつあったことも忘れてはならないだろう。異人種間の恋愛や結婚は増加する兆しを見せ、(5)一九七〇年代後半以降の多文化主義につながる萌芽も醸成されつつあった。他方、「人種関係政策」、特にここで取り上げる人種関係法による人種的マイノリティの「統合」に向けての動きは、マイノリティが優遇されている、白人マジョリティが「二級市民化」するといった、排外主義を正当化する論拠を提供した。

全体として見ると、この時代の人種をめぐる状況は「衝突と複雑さ」に彩られたものであった。だが、それは次の時代へとつながる胎動を孕んだ混沌であり、そのなかにはここで取り上げられるような、後世に活動家としては名前を残さないものの、日常のなかの差別に声を上げた人びとの息遣いも確実に含まれていた。

人種と「踊りの場」

娯楽としての「踊りの場」、つまりダンスホール／ディスコは長く、異なる人種に属する人びとが交流する場であり、それゆえの反発や排除が生まれる場でもあった。一九二〇年代頃から若者の娯楽として定着したダンスホールは、一九五〇年代には映画に次ぐ娯楽産業となり、また多くの男女が出会い、恋愛や結婚の相手を求める場でもあった。したがって、「戦後イギリスにおいて人種、ジェンダー、性に関わるイデオロギーが再生産される主要な空間」[6]となったのである。

踊りの場における「カラーバー」(人種による排除)は第二次世界大戦前にも一部の地域では存在したと言われるが[7]、大戦時には植民地出身の黒人兵の存在や黒人米兵の駐留によりダンスホールでの彼らの処遇をめぐる議論が生じた。黒人男性と白人女性が踊ることへの(主に白人男性の)反発が騒動を引き起こすようになると、人種主義の被害者であった黒人男性はトラブルの元凶と見なされ排除された[8]。つまり、人種による排除は異人種間の性的交流をめぐる禁忌と常に密接に結びついていた。

ダンスホールが性的な人種混淆の危機を象徴する場となる傾向は、戦後の英連邦からの移民流入によってさらに強まる。一九五〇年代に西インド(カリブ海)諸島から来た移民労働者の過半数が男性であったこともあり[9]、かつての宗主国へと「逆流する帝国」は黒人男性と白人女性の異人種の性的混淆のイメージに重ねられた[10]。踊りの場からの人種主義的な排除は「秩序の維持」の名のもとに再び、時にあからさまにおこなわれるようになった。踊りの場からの…他方、当時生バンドによる演奏が主流であった「踊りの場」において「カラード」(有色人種)の演奏者が多く存在し、連帯する白人の演奏者も含めて、人種差別的な慣行への抵抗が示されたこともあった[11]。

一九六〇年代以降のポピュラー音楽の流行を背景に、ダンスホールは次第にディスコやナイトクラブへと変容を遂げ、音楽も生バンドからＤＪによるレコードプレイへ、男女ペアで踊る社交ダンスのスタイルも流行らなくなる。同時に英連邦からの移民の流入はポピュラー音楽シーンにも大きな影響を及ぼし、特に一九六〇年代から七〇年代はスカやレゲエに代表されるカリブ海音楽の影響が濃厚であった。本稿で扱う排除が生じた踊りの場のなかには、有名なメッカなど、かつてのダンスホールの面影を残しつつ、新たな需要に対応しつつあった過渡的様相が見て取れる施設が多いことは偶然ではない。本稿の分析においても、人種による「踊りの場」からの排除という問題は、古く新しい「根強い」問題であると同時に、その時代に起きていた社会の変容を反映していたのだという点を忘れてはならない。

人種関係法の成立

新英連邦からの移民は肌の色など身体的な特徴において「可視的な」移民であったがゆえに、流入が始まった当初から人種主義的な差別や排除の対象であった。一九五八年のノッティングヒル暴動で起きたような黒人への謂れなき暴力はもとより、雇用や住宅供給での不当な差別など、社会生活のさまざまな場面で差別的な待遇や排除に直面した。

人種差別を規制する初の法律となった人種関係法は、一九六五年に労働党政権下で制定された。労働党は一九六二年に野党として英連邦移民法の成立に反対していたが、この法律は新英連邦移民に対して抑制的な姿勢を取りはじめたこととの「抱き合わせ（パッケージ・ディール）」という意味合いが強くあった[12]。一九六五年の人種関係法は「公共の場」における人種差別を禁止したが、当時差別が蔓延していたと言われる雇用や住宅供給を適用の分野として含まなかったことが最大の欠陥であり、制定からわずか三年後に改正されることとなった。一九六八年人種関係法は、こちらも入国管理の強化につながった同年英連邦移民法との「抱き合わせ」であったが、雇用と住宅供給を適用分野として含んだだけでなく、差別規制のための「調停」プロセスにあたるRRBの権限を強化したことが主な改正の内容であった。

ダンスホールなどの踊りの場は、実はパブや映画館などと並んで「公共の場」として一九六五年法のもとでも人種を根拠とする差別が禁じられた領域ではあったものの、六五年法における差別の「調停」が有効とは言い難かったこともあり、実質的に差別が黙認されてきた分野であったと言える。一九六五年法のもとでは、告訴側と被告側との間にRRBが入っても調停が成立しなかった場合、法務長官の判断で提訴が可能とされていたが、このやり方はほぼ機能しなかった[13]。一九六八年法のもとでは、調停が不成立であった場合に、RRBの判断で訴訟に持ち込むことができるようになった。しかし、そのプロセスが差別の訴えを汲み上げるのにどこまで有効な手段であったかは検証を要するものと言えよう。

人種関係法の調停プロセスについては、差別規制の効力としてはこれまでも否定的な評価がなされることが多かった[14]。他方、この一九六八年人種関係法に関連して内務省文書として残されるRRBの史料については「豊かな社会史資料の鉱脈」だとする評価がある[15]。エミリー・ロビンソンらは、主に雇用や住宅に関する訴えのなかに「民衆的個人主義」の要素が表出されていると指摘し、また調停委員会の対応は「中産階級的バイアス」に溢れており、人種的マイノリティの人びとの訴えに同情的ではなかったと述べている[16]。ここでは、このロビンソンらの指摘を踏まえつつ、ダンスホール／ディスコという「踊りの場」からの排除という事例に着目することで、特に人種的マイノリティの若者が彼らの日常における人種的な排除に対して抵抗する様子を明らかにしてみたい。

二、「踊りの場」での差別　一九六八―七六年

調停のプロセス

すでに述べた通り、ＲＲＢは一九六五年人種関係法によって設置された人種差別の規制を当事者間の「調停」を通しておこなう公的機関であった。まずは、ＲＲＢが人種差別の規制をおこなう上で採用した「調停」のプロセスについて確認しておこう。

調停のプロセスは、以下のようなものである。人種関係法の規定により「違法差別」の訴えがなされると、訴えを起こした側（告訴側 complainant）と訴えられた側（被告側 respondent）との間に入って調停をおこなうのであるが、まず告訴側からの訴えを取り扱うのは、その被害が起きた地域を管轄する調停委員会（Conciliation Committee）という組織になる。当時、調停委員会はＲＲＢの下に九つ（ロンドンおよびイングランド南東部三つ、イングランド西中部、東中部、北西部、ヨークシャーと北東部、ウェールズと南西部、スコットランド）組織されていた。ロビンソンらは調停委員会について、人権派の弁護士であったボブ・ヘプル（Bob Hepple）の言葉を引用して「強烈な中産階級的バイアスをもつ」と評したが、(17) ＲＲＢによれば、調停委員会は「人種、支持政党、社会階層、組織」などにおいて多様な背景のヴォランタリーな民間人委員によって構成されていた。(18) ほかにも、各調停委員会には調査などにあたる職員も存在する。

告訴の内容は所定の書式に記録され、委員会の調査員が告訴側および被告側、そして双方の証人に対して聞き取りをおこなう。調査の結果は調停委員会に提示され、委員会の裁定がおこなわれる。ちなみに、調査および委員会による審議には通常数カ月の時間を要し、年を跨いで処理されることがしばしばであったようだ。人種関係法に違反する差別であったとの認定がなされたケースについては、調停が図られ、その結果として和解にいたる

場合、「今後、同様の差別をおこなわない」などとする保証が与えられることが一般的である（あわせて賠償金が支払われるケースもある）。また、なかには和解は成立しないが保証のみが与えられるケースもある。調停が不成立であった場合は、中央のRRBに報告がなされ、RRBは必要に応じて司法に訴えること（民事訴訟）を検討する。[19]

このようなプロセスを、一九七五—七六年上半期の年次報告（Annual Report）の第2条に関わる事例（踊りの場以外に店舗や飲食店など多様なサーヴィスに関わる事例が含まれる）を素材に確認してみよう。この時期にRRBによって扱われた第2条関連事例の総数は五五〇件、[20]そのうち同法の定める違法差別には該当しないとされた事例は、裁定がおこなわれる前に訴えが取り下げられた事例ないしは調査が終了した事例を合わせると一六一件で、残りの三八九件については調査に基づく裁定がおこなわれ、うち約二七％にあたる一〇四件について違法差別があったと認められ、残り二八五件について違法差別はなかったとの裁定がなされた。さらにこの違法差別とされた一〇四件のうち、調停が成立したのが八六件である。そのうち、五〇件においては和解が成立し保証が与えられ、うち一八件については五～一〇〇ポンドの賠償金が支払われ、残り三六件は和解なしで保証のみが与えられた。

あとで詳しく述べるダンスホール／ディスコの事例には、「違法差別は認められたものの調停が成立せず、訴訟が検討された事例」が一定数含まれ、また実際訴訟になったケースが複数ある。またこの七五年から七六年にかけては、特にRRBが年次報告においてダンスホール／ディスコに関わる事例を項目に立てて記述しており、このような事例への注目度が極めて高いことがわかる。

一九六八年以降のRRB年次報告で、ダンスホール／ディスコでの事例が言及されたものを**表1**にまとめてみた。これを見ると、一九七四年以降、特に一九七五—七六年の年次報告での個別事例への言及が多いことが明らかである。一九七五—七六年の年次報告によれば、第2条関連の事例で調停が成立しなかった六六件（前述の数字と齟齬があるのは調査や裁定時時間を要するため前年以前からの積み残しも含まれていると思われる）のうち三七件が訴訟へ

表1 RRB年次報告(1968–76年)で個別に言及されたダンスホール/ディスコの事例

年次	申立人	相手/場所/日時
1969–70	カラードの若者多数	ロカルノ・ボールルーム(メッカ)/ストレタム(ロンドン南部)
1971–72	西インド諸島出身者1名	レスターのディスコ〔おそらくアダム&イヴ〕
1971–72	フレデリック・ガイル(西インド諸島出身)	ハザートン・ハウス・ディスコ/ペンクリッジ,スタフォードシャー
1974単年	兵士シーフォース(西インド諸島出身)	ハマースミス・パレ/1973年4月12日
1974単年	アハメド氏(アジア人)	ロカルノ・ボールルーム(メッカ)/バーミンガム/1972年8月5日
1975–76	ローン・ホースフォード(西インド諸島出身)	レスター・パレ(メッカ)/1973年9月15日
1975–76	兵士シーフォース(西インド諸島出身)	ハマースミス・パレ(メッカ)/1973年4月12日
1975–76	西インド諸島出身の若者2名	ドクター・ジムズ・ディスコ(ケイバー・クラブ)/クロイドン,サリー州/1975年1月
1975–76	マクスウェル・ローソン(ジャマイカ人)	アダム&イヴ/レスター(A&Sプロモーション)/1974年4月24日

と持ち込まれたが、うち二七件がダンスホール/ディスコでの事例であると記されている。残りは、パブの七件が最も多く、その他教育、小売店舗などである。つまり、訴訟に持ち込まれた事例の七割がダンスホール/ディスコでの事例だったことになる。ここには、あとで述べる一九七三年に起きたハマースミス・パレでの事例が影響していることが推測できる。

国立公文書館に内務省文書として所蔵されるRRBの文書(CK2)に残されるファイルには、各地域で調停委員会が受け付けた訴えと、その後の調査、委員会およびRRBによる検討の過程がかなり詳細に記録されているものがある。第2条「品物、施設、サーヴィスの提供」に関わるものだけでもその数は膨大になるが、ここではファイル名から店名などを手がかりにダンスホール/ディスコでの差別に関係すると判断されるファイルを選び出した。

今回確認したのは四七ファイルであり(21)、一つのファイルで複数の事例が言及されていたり、一つの事例が複数のファイルに分けて記録されていたりするものもある。そのため、事例の総数はファイルの数とは一致していない。複数の人数が同じ店舗で同時に差別を受けたと思われるケースも合わせて一件として数えると、件数としては三一件となり、差別を受けたとされる人数としては七五人以上に関わる。[22] 一九六八年から七六年の時期に起きたダンスホール／ディスコでの差別が疑われる事例のすべての件を網羅していない可能性もあるが、主要なケースはカバーしていると判断できる。また以下のような理由から、ある程度の多様性・代表性が確保されていると考える。

まず、発生時期が期間を通して分散している。あとで述べるような理由から一九七三年以降の件数が多い傾向はあるものの、一九六八―七二年のものも一定数含まれている。また地域的にもバラつきがみられる。最も多いのはバーミンガムの一〇件、ロンドンは近郊も含めて七件、次いでコヴェントリーの三件、レスターの二件など、首都圏およびイングランド中西部および中東部の移民マイノリティ人口が多かった都市部に集中してはいるが、それ以外の都市(シェフィールド、リーズなど)も含まれている。

さらに重要なのは、調停のプロセスにおいて多様なケースが含まれていることにある。告訴はあったが途中で調査が打ち切られたもの、違法差別が認められたもの／認められなかったもの、調停が成立したもの、成立せずRRBによって訴訟に持ち込まれたもの／持ち込まれなかったものなどである。調停のプロセスにおけるRRBの判断をさまざまなケースにおいて比較することで、どのような訴えが取り上げられやすく、また訴訟に進む判断がされやすかったのかがよく理解できるからである。

差別の実態

ファイルで扱われている差別の内容は実に多様であるが、その大半が入店を断られたというものである。ごく一部、一度入店し後に追い出されたというものも含まれている。排除されているのは、ごく少数の白人(アイルランド系など)の場合もあるものの、大多数を占めるのがいわゆる「カラード」とされる人びとで、アジア系も一定数含まれるが、圧倒的に多いのは当時「西インド諸島系」と呼ばれたアフリカ系カリブ出身の黒人である。世代もこのような娯楽施設を利用する年代ということで、一〇代後半〜二〇代の若者が多い。イギリス生まれの移民二世ないしは親とともに幼少期にイギリスに移住してきた一・五世が中心である。ちなみに、訴えを起こしているのは大半が男性であるという特徴もある。

断られた時の状況はさまざまで、明確に「黒人／カラードは入れない」という意味の言葉を店側から告げられたケースもあれば、理由は告げられなかったり、他の理由（「店がいっぱいで入れない」「（異性の）同伴者がいない」「ドレスコードを守っていない」など）を告げられたが、同じ条件で入場を許された人がいた、などの状況から差別を受けた疑いがあるとし訴えたものもある。その場で入店の可否を判断する「バウンサー」（ドアマン）と呼ばれる従業員に抗議をしたが聞き入れられなかった、店側の言い分を信じて一旦は諦めたが状況から差別だと判断して店前に戻りマネージャーを呼んで抗議したなど、その後の経緯や対応もさまざまである。

白人の友人やガールフレンドと共に訪れて自分だけ入店を拒否されたという訴えもかなり多く、それがより一層の憤りにつながっているケースもある。白人のガールフレンドが重要な証人となり、一緒に訴えを起こす場合もある。しかし、なかには証言を拒む場合もあって、その際に「両親に黒人とつきあっていることを反対されている」「つきあっていることを知られたくない」という理由が複数のケースで提出されていることは、異人種間関係の「禁忌」が決して過去のものではなかったことを物語っている。白人女性の側が「黒人連れはお断り」「ニガー好き（ニガー・ラバー）のオンナ」のような店側からかけられた心無い言葉に当の告訴人よりも傷ついたという証言をしている場合もある。その他、興味深いケースとして、店で働く従業員が複数、告訴人の立場で差別を立証するための証人となった場合もある。[23]

しかし全体として、訴えが認められやすかったとは到底思われない。第一に、聞き取りを受けた店側は差別の訴えをまず素直に認めることはなく、さまざまな「口実」を使って店の対応を正当化しようとした。最も多いのがその人物が「トラブルメーカーである」と思われる理由があり入店を拒んだとするもので、その背景として「最近黒人が絡んだトラブルがあった」「以前トラブルを起こした人物に似ていた」ことなどが決まり文句のように述べられている。しかし、排除された人物が実際に起きたトラブルに関わっているケースは非常に少なく、なかには店側の主張する「トラブル」の存在自体が疑わしい場合もある。

黒人の振る舞いについても、トラブルを起こすからという理由以外に、髪型や服装が店の雰囲気にそぐわないから、男性だけでフロアに固まって踊り、それが他の客の目に奇異に映るから、などの理由が挙げられることもある。また、店の経営者によっては、（レゲエなど）「黒人の音楽」の流行そのものをあまり快く思っていないことが聞き取りで明らかになることもあった。虚実はともかく、この時代の踊りの場の変容それ自体も排除に関わっていると疑われ、音楽や服装を根拠に異質な「集団」としての黒人／カラードの存在を排除したいという欲求が感じられる。

排除を受けた側からしばしば主張されるのが、店内の黒人の割合に「割り当て（クォータ）」が設けられていて、一定数を超えると「お断り」をされるというものである。なかには、「そもそも黒人を全く入れない店というのもあり、そのような店には最初から訴えを起こす気にもならないが、この店は「黒人を入れる店」なのに今回は入店を断られた」として訴えを起こす場合もあった。ＲＲＢの側でも、他の日には入れていた、店のなかに別の黒人客がいた、黒人の従業員がいるなどの状況から差別はない、と結論づける場合もある。

訴えが認められにくい理由として、まずＲＲＢは特にこの時期の前半において、店側の「客を選ぶ権利」自体をほぼ全面的に認めている。この点については、後述するメッカというチェーン店に関わるケースの訴訟においてある判断が示されたことで、一定の方針の転換が図られたように思われる。しかし、もう一つの理由として、訴えた人（および場合によってはその証人となる人びと）の資質への評価が、訴えが認められるか否かの判断にある程度影響してしまうことが指摘できる。この時期、差別があると繰り返し訴えられている店も多く、その代表格がメッカ系列の店なのであるが、その場合、ＲＲＢは店側が差別をおこなっているのではとの疑いを強くもっている。それでも違法差別であるという判断を下さない、またそう判断しても調停が得られない場合に訴訟にまで持ち込もうとしないケースというのは、告訴をおこなった人物が「信用できない」「訴訟に持ち込んでも信用されない」と判断されている場合が多い。この点については、ＲＲＢがメッカ系列の店に対しておこなった調停およびその後の訴訟のプロセスにおいて、より詳細に見てみよう。

三、人種と民衆的個人主義――メッカを事例として

メッカと人種関係協議会

メッカ（Mecca Ltd.）は当時、全国のダンスホール／ディスコの経営で最大手だった企業体である。一九三〇年代からダンスホールとそのケータリングのチェーンを運営して、戦中も拡大を続け、イギリス最大のダンス場ビジネスを展開した。戦後のメッカは、アイススケート・リンクや商業ビンゴなどの合法賭博にも事業を拡大して一大娯楽企業となるが、その中心にあったのがダンスホール／ディスコなどのダンス場事業であった。その系列のダンス場の数は、最盛期（一九六〇年代）には全国に一〇〇近くあったとも言われている。

一九六八―七六年の間にＲＲＢに寄せられた訴えのうち、メッカ系列の店に対してなされたものが少なくなかったことは、一九七五年にＲＲＢによって作成されたメモランダム（CK2/238）にも示されており[24]、その時点で「一九六八年以降で三〇人の告訴人による（なかには複数の）訴えがメッカに対してなされており、そのうち六件に

おいて違法な差別との裁定がなされている」という記述が見られる。本稿で確認したファイルでも、件数にして一五件(告訴人数では三〇人に近い人数が絡む)が、メッカ系列のダンスホール/ディスコに関わる事例であった。

実は、RRBの側には、メッカでは「常習」的に「カラーバー」的排除が起きているのではないかという疑いがあったようだ。それには、当時のメッカの経営者であったエリック・モーリー(Eric Morley)とRRBとのやり取りが関わっている。メッカの最盛期を象徴する経営者で当時かなりの有名人であったモーリーとのやり取りはマスメディアをも巻き込んで展開されたが[25]、RRBのファイルにはモーリーとRRBの手紙の応酬というかたちで数多く残されている[26]。

モーリーとRRBとの間の一連のやり取りは、一九六九年にロンドン南部ストレタム(Streatham)にあったロカルノ・ボールルームで起きた黒人男性の排除事例に端を発した。モーリーは当初、白人男性と黒人男性との間の白人女性をめぐる性的な対立を回避する手段として正当化しようとし、また同時に、排除は人種だけで起きているわけでなく、それなのに人種関係法を盾に「法による脅迫」(legal blackmail)を繰り返すカラードにこそ問題があるとの主張を述べる。その後モーリーとRRBとの間に交わされた書簡のなかでも、モーリーは強硬に店の「秩序を守る」ための「常識的」で「経験から得られた知恵」として排除を正当化、ダンスホールでの「有色人種の割合が五%を超えると危険な状況が生じる」という持論を繰り返し、見分けがつかないので、トラブルメーカーを入れないために「罪のない」黒人が排除されてしまうことは避けられないと主張する。

かなり早い時期からRRBの側はメッカ系列店での広範な「カラーバー」の存在を疑いつつも、店側の秩序を守りたいとする慣行にどこまでRRBの側が制限をかけられるかという点については慎重な立場を取っている。その後さらに、モーリーの名前でメッカの各店舗のマネージャーに宛てた回覧により、「秩序」を維持するために黒人の排除をおこなう場合は人種によって排除したという言質を取られないように、との指示が出されていたことが発覚し、ＲＲＢの疑いは強まった[27]。

しかしながら、その組織的な「カラーバー」を疑いながらも、ＲＲＢはメッカに対する訴えを違法な差別であるとする扱いを必ずしもおこなっていない。たとえば、本稿で確認したファイルでは一九七一年一二月にコヴェントリーのロカルノ・ボールルームで起きた黒人男性二名が別々に入店拒否された事例[28]、また一九七三年七月に起きたバーミンガムにあったロカルノ・ボールルームから白人女性と店を訪れた黒人男性が排除された事例[29]では、ＲＲＢは相当の疑いを持ちながらも、違法差別とする裁定をおこなわなかった。これは店側の主張する「秩序」を守るためという主張を排除しきれなかったからである[30]。

「個人を特定する努力をおこなわないまま……」

こうした状況が変化したのは、一九七三年に起き、七四年に訴訟に持ち込まれ判決が出たハマースミス・パレでの事例を受けてであった（本事例は、前掲表に示された個別事例への言及でも二度取り上げられている）。一九七三年四月一二日、西インド諸島出身で二三歳のシーフォース（Private Seaforth, 一一歳からイギリスに居住しており、軍人として北アイルランドへの派遣を控えていると記録にある）がロンドン西部のハマースミス・パレへの入店を断られ、人種による差別であるとしてＲＲＢに訴えた。店側は以前あったトラブルの関係者と疑ったため（実際は人違いであったと認めている）入店を拒否したのだと主張し、非を認めなかった。その結果、調停が成立せずに、訴訟へと持ち込まれた[31]。

一九七四年におこなわれた訴訟ではＲＲＢ側の主張が認められ、本件は違法差別であるとの判決となった。その際に、裁判官は「個人を特定する努力をおこなわないまま、人種などの特徴に基づいて店からの排斥をおこなうのであれば、それは違法である」と述べた[32]。当時のＲＲＢのメモランダムにおいても、ダンスホール側はその場の「適切な秩序維持」のためにある特定の特徴、たとえば、ここでは「肌の色」でもって、以前にトラブルを起こしたことのある人物ないしは集団と同一視する人物や集団を完全にまたは部分的に排除する権利をもつと認めるが、「人びとが人種集団のメンバーとしてではなく個人として扱われるべきであり、そして人種集団そのものを排除することは違法である」と述べられている。

この一九七三年のハマースミス・パレの事例で出された判決は、その後のＲＲＢの類似事例の取り扱いに一定の影響を及ぼしていると思われる。たとえば、一九七三年九月一五日にレスターのメッカ・パレで、アンティグア出身のホースフォードという若者(Lorne Horsford, 幼い頃イギリスに移住し、この当時はロンドン在住と記録にある)が白人のガールフレンドとともに入店しようとして拒まれ、差別を受けたと訴えた[33]。レスターで起きた排除事例は発生時期こそ先んじていたが、調停および訴訟の進行がハマースミス・パレの事例よりも遅かったため、ハマースミス・パレの事例での判決内容に基づいて、ＲＲＢの側が自信を強めていることがわかる[34]。

「信用に足る」人物

本稿の冒頭に引用したのは、レスターのメッカ・パレでの事件の調査に当たった調停委員会の担当者がホースフォードについて述べたものである。担当者はホースフォードが店側の対応に強い憤りを感じており、調停において店側が差別行為を認めないまま、生じた「不都合」の詫びに店に招待するというかたちで事態を収拾しようとするのを拒否して、訴訟に持ち込むことを望んでいると述べる。彼自身に店を再び訪れるつもりはないが、同じようなことが二度と繰り返されてはならないと考えており、店側とＲＲＢの妥協、他店の事例では見られた一度店に招待することで違法差別を曖昧にしようとする姿勢にも強い拒否感を示す。

ただし、最終的にＲＲＢがこの件を訴訟に持ち込むという決断をしたのは、彼の強い正義感よりも、彼が「信用に足る」人物であると判断されていることが大きいと思われる。彼は白人の交際相手や友人と一緒に入店しようとしていたのであるが、この周囲の人びとも含め「きちんとした人物」としてその証言が信用できると判断されている。[35]そのことが訴訟でも功を奏したかは断定できないが、先に述べたハマースミス・パレの事例で店側の「個人を特定する努力」が求められたことも判例として追い風となり、判決はＲＲＢおよび告訴側の訴えが認められ、メッカに今後、人種や民族等の出自を理由として入店を拒むことを禁じる命令が下された。

一九七三年に起きたこのハマースミスとレスターの二つの事例では、訴えを起こした人物の「資質」がＲＲＢにも、またおそらく訴訟においても、好意的に判断されていることが特徴としてあげられる。ハマースミスの事例に関わる史料では、軍人であるシーフォースは裁判でも「非の打ちどころのない人物」と認定されたと述べられている。個人を特定する努力が求められるのは、個人として評価された場合に排除されるべきでない人物であるからこそである。

この事実によって明白に印象づけられるのは、同じハマースミス・パレでわずか数カ月前に起きていた四人の少年の排除事例である。一九七二年一一月に同店を訪れた西インド諸島出身の少年四人[36]が入店を拒まれ、シーフォースと同様に、人種ゆえに店から不当に排除されたとしてＲＲＢへの訴えを起こしている。店側は、その少し前に店で起きたトラブルに起因した排除であったと述べる。ここまでのやり取りはこのすぐ後に起きたシーフォースの件と共通しているが、この四人の少年たちの場合は、調査の過程で彼らの素行が問題にされている。警察や福祉の関係者から少年たちへの厳しい評価（「信用できない」「きちんと証言できない」「排除されても驚かない」など）が寄せられた。

しかし実のところ、調査の過程で明らかになるように、この少年たちが同店において何か問題を起こした事実はなく、史料を読む限りでは、本件に関して少年たちの証言している内容それ自体は信用に足るもののように見受けられる。事実、この事例もロンドン西部を担当する調停委員会によって「違法差別」であるとの結論に至るが、調停の不成立を受けて、訴訟は起こされてはいない。それはＲＲＢの側に、たとえ訴訟に持ち込んだとしても、法廷で信用される証言を少年たちから得ることが難しいと判断されたからである。何より店から排除されたことは彼らが「黒人だったから」ではなく、「トラブルメーカーだったから」と判断される余地があることが、彼らの訴えの正当性を損なう結果となっている。

「救済に値しない被害者」

トラブルを起こす可能性のある「個人」を含む「集団」が無差別に排除されてしまうことは致し方ないとする店側の論法への対抗として出てきたのが、店側に「個人を特定する努力」の義務があるというハマースミス・パレの訴訟判決であった。この判決を受け、ＲＲＢはダンスホール／ディスコでの排除事例を違法差別であるとより積極的に認め、またその裁定に対して店側があくまでも調停を拒む場合に訴訟へと持ち込むことをより積極的に検討するようになったのだと思われる。

しかし、これはＲＲＢが店側の秩序を守る権利が人種関係法によって制限されるという店側の権利の「限界」を認めただけにとどまらず、訴えを起こす人種的マイノリティの権利そのものの「限界」にもつながるという皮肉な状況をもたらす。なぜならば、「個人」が特定されることで、「非の打ちどころのない」「信用に足る」と判断された人びとの訴えは取り上げられ、また店側の態度がメッカの場合にも見られるように差別という事実を認めたがらないものだったとしても、訴訟にまで持ち込むことをＲＲＢに決断させる。[37] 他方、ＲＲＢによって権利を制限されても文句の言えない「個人」と見なされてしまった人びとの訴えは十分汲み上げられないことになってしまう。いわゆる「救済に値しない被害者」(undeserving victims) としてしまうのである。

なおかつ、今回検証した記録からはこの「救済に値しない被害者」とみなされた人びとが少なからずいたことがわかる。また訴えを起こすための調査の段階でフェードアウトする被害者のなかには調停委員会の「この告訴人は信用できるのか」という疑いの目に嫌気が差したのでは、と思われるケースもあった。よりあからさまに、調停委員会には「白人の正義」しかないと怒りを滲ませて連絡を断つ被害者もいた。「排除」されるような瑕疵(かし)がないことを自ら立証する必要があり、被害の訴えを通りにくくしたこと自体は否定できない。

「個人」と「集団」

エミリー・ロビンソンらは、ＲＲＢ文書に見られる人種的マイノリティの差別の訴えを「民衆的個人主義」の枠組みを用いて分析している[38]。その観点は興味深いものであり、また人種的マイノリティが雇用や住居において差別を受けたことを訴え、個人としての権利を求めても調停委員会の「中産階級的バイアス」によって必ずしも理解されなかったという指摘は、本稿での分析にもある程度共通するものである。だが、そこにはより複雑な様相があるように思われる。

まず、訴えた人たちの「個人」の権利に関わる部分である。告訴をおこなった人びとは友人や恋人と楽しく過ごすつもりで訪れた踊りの場から、特定の人種集団に属するがゆえに排除されたことを個人の権利の侵害として訴えている。それは、調停の過程でも彼らの「踊りの場で一晩を楽しく過ごす権利」が侵害されたと見なされ、その償いが求められていることからも明白である。したがって、賠償金が求められる場合も他の違反事例に比べてさほど高額には設定されず、多くのケースで一〇～三〇ポンドほどが妥当な金額とされている。告訴人の多くは移民第一・五～二世世代で、個人の権利をイギリスという民主主義社会に生きる市民としての当然の権利と捉えている。そして若者たちだからこそ彼らにとって「重要」な、余暇に友人や交際相手と訪れる娯楽の場で、人種によってその権利を侵害されることを理不尽だと捉えるのだ。

しかし同時に、彼らはイギリスで偏見や差別に影響を受けるマイノリティ集団の一員としての意識も抱えている。多くが広くイギリス社会でカラードと見なされる人びとが受ける差別に自覚的であり、自分が受けた排除に対して声を上げることは、単に自分の侵害された権利に対して抗議をすることにとどまらないと考えている。集団(この場合は人種集団)の一員として、今後、集団内の他の個人にも同じようなことが起きて欲しくない、という点を告訴人の多くは強調する。

本稿の冒頭に引用したホースフォードに加えて、ほかの多くの告訴人にも同様の認識が見て取れる。複数回にわたってRRBとやり取りをおこなって調査に協力し、場合によっては法廷に出廷して証言する面倒を引き受けることになっても、店側に違法な差別をおこなったという事実を認めさせることにこだわるからこそ、訴えを起こしているのだ。なかには店への招待を「お詫び」として受け入れる者もいるが、多くはそのような補償や、賠償金を得ることにもこだわりを見せていない。賠償金そのものを手にすることが目的だと思われないために、賠償金を慈善団体に寄付した者すらいた。

他方、メッカに代表されるような店側は、例えば黒人男性を個人として排除するという判断はあくまでもその個人を「人種集団」の一員と認識し、その人種的特徴ゆえに店の秩序を乱す「トラブルメーカー」予備軍として見なしていることがわかる。そして実際RRBの側もこの主張に一定の理解を示していることも忘れてはならない。メッカのように「人種的排除」の欲望があからさまな場合においてすら、店の秩序を守るために、店が客を選ぶ自由や権利を持つこと自体は否定できないし、していない。ただし、それが排除される人物の個人的資質による判断ではなく、とある人種集団への帰属において自動的におこなわれた場合は違法差別となる、ということを一九七四年のハマースミス・パレの判決以降、RRBは主張するようになったのである。

これはロビンソンらが指摘した調停委員会の「中産階級的バイアス」（と表現するのが妥当かはともかく）、より正確には「人格に対する決めつけ、階級や性別に縛られた思い込みや見下し」(judgments of character, class-bound and gendered assumptions and condescension)によるものとして説明することも可能かもしれない。さらに、ロビンソンらが検証した雇用や住宅のケースと比較して、ダンスホール／ディスコ差別のケースでは若者文化、特にブラック・カルチャーの影響を強く受けたポピュラー・カルチャー、性的な交流や飲酒、そして時にドラッグといったものと結びつく娯楽の場特有の性質によってよりそういったバイアスを強める結果になっている可能性もある。少なくとも、その社会的地位から見て中高年が大半を占める調停委員会の委員の面々にとって、ダンスホールからディスコに変質しつつあった「踊りの場」で娯楽に興じる、ましてや素行不良が疑われる若者たちへの同情が薄いことは容易に想像できる。

おわりに

ＲＲＢ文書に見られる人種的マイノリティの差別の訴えには、「民衆的個人主義」の特質を見て取ることができる[39]。人種関係法に基づくマイノリティの差別の訴えは、「個人」の権利の侵害への意識を強く含んでおり、本稿でのダンスホール／ディスコでの差別についても、訴えを起こす動機となるのは自身が受けた権利の侵害という「個人」的側面と、人種集団として受ける理不尽な扱いへの憤りという「集団」的側面が分かち難く結びついているように見受けられるからである。ここには、個人主義を追求しながらも、同時に集団主義的な解決を求めるという民衆的個人主義の特質が集約されているように思われる。

同時にこのことが指し示すのは、「個人」の重視によって構造的な不平等を是正するという厳密な「平等」へのこだわりが弱まり、より範囲の狭い「機会の平等」に置き換わっていくという新自由主義的でメリトクラティックな状況であるかもしれない。ＲＲＢの文書等で個人の資質を指す表現として好まれたのがまさに“merits”であった。その意味で、一九七〇年代の左派・マイノリティ・反人種主義にも実は八〇年代以降の新自由主義と親和的な要素が潜んでいたとする、最近のスコフィールドらの刺激的な指摘[40]にもつながるものではある。

ただし、実際の記録を見ると、より複雑なアクター同士のやり取りも見出すことができる。訴えの聞き取りをおこなった職員のなかには少年の資質によらず、彼らが感じる怒りにより同情的である職員[41]もいた。調停委員会が違法差別を認め、ＲＲＢに報告をしたのに民事訴訟提訴の判断をしないことに調停委員会からＲＲＢに対して抗議がおこなわれたケースもあった。個々のケースに見られる状況や判断は決して単純ではなく、これを「新自由主義的」と断ずるにはさらに細かな検証を要するだろう。

最後に、この検証を通して見えたものは何だろうか。まず、この貴重な史料が語るのは、後世から見れば「活動家」と名指されることはないながらも、自らが受けた不当な仕打ちに声を上げた若者たちがＲＲＢによって体現される人種関係政治と交渉する様子である。そして、一九七〇年代の人種をめぐる複雑な状況と、人種関係政治の現場における「個人」と「集団」の権利や平等をめぐる議論は、この後の時代により先鋭化する予兆を孕む。イギリスの人種関係政治は、一九七六年人種関係法の成立をもって新たな局面に入り、やがてサッチャリズムの荒波に飲まれることとなるが、それはすでにこの時代の混沌に胎動していたのである。

（1）　TNA, CK2/367. イギリス国立公文書館（The National Archives, TNA）には内務省文書（HO）としてＲＲＢの文書（CK2 Race Relations Board : Minutes and Papers）が残されている。
（2）　ここでは、一九六八年人種関係法下の一九六八年から一九七六年までが扱われる。
（3）　たとえば、一九七三年のレスターの地方選挙で国民戦線など移民排斥を訴える政党が議席の獲得こそなかったものの、労働党、保守党に次ぐ一割強の票を獲得した。

(4) マイノリティの主体的抵抗については近年研究が進みつつある。たとえば、Stephen Ashe et al., "Striking Back against Racist Violence in the East End of London, 1968–1970", *Race & Class*, vol. 58, no. 1, 2016; Michael Higgs, "From the Street to the State: Making Anti-fascism Anti-racist in 1970s Britain", *Race & Class*, vol. 58, no. 1, 2016 など。

(5) David J. Smith, *The Facts of Racial Disadvantage: A National Survey*, P.E.P., 1976, pp. 39–41.

(6) Jason McGraw, "Sonic Settlements: Jamaican Music, Dancing, and Black Migrant Communities in Postwar Britain", *Journal of Social History*, vol. 58, no. 2, 2018, p. 355. 現在にまで至る、音楽や踊りの場における人種的な交流（およびそのことへの反発）および人種的な排除については前掲論文(McGraw, "Sonic Settlements")のほか、James Nott, *Going to the Palais: A Social and Cultural History of Dancing and Dance Halls in Britain, 1918–1960*, Oxford UP, 2015; David Haslam, *Life After Dark: A History of British Nightclubs & Music Venues*, Simon & Schuster, 2015 などに詳しい。

(7) 一九三〇年代、イギリスにおける人種の多様性がさほど顕著ではなかった時代においてさえ約六〇％の商業施設が有色人種の利用を拒んでいたとされる(McGraw, "Sonic Settlements", p. 357)。

(8) McGraw, "Sonic Settlements", pp. 357–358.

(9) 彼らにとって住居と仕事の次に重要であったのが音楽と踊りであった。主流のダンスホールから排除されたカリブ系移民のなかにはコミュニティセンターなどのほか、ハウスパーティなど半私的な空間に独自の踊りの場を構築した(David Haslam, *Life After Dark*, pp. 90–92; McGraw, "Sonic Settlements", pp. 363–365)。

(10) Wendy Webster, *Englishness and Empire 1939–1965*, Oxford UP, 2005, pp. 157–159.

(11) たとえば、この頃起きた有名なウォルヴァーハンプトンの「スカラ」(the Scala)でのカラード客の排除事例ではミュージシャン組合による組織的な抵抗があった(McGraw, "Sonic Settlements", p. 359)。

(12) John Solomos, *Race and Racism in Britain*, Palgrave Macmillan, 3rd Edition, 2003.

(13) Gavin Schaffer, "Legislating against Hatred: Meaning and Motive in Section Six of the Race Relations Act of 1965", *Twentieth Century British History*, vol. 25, no. 2, 2014.

(14) Zig Layton-Henry, *The Politics of Immigration: Immigration, 'Race' and 'Race' Relations in Post-War Britain*, Blackwell, 1992; Simon Peplow, "The 'Linchpin for Success'? The Problematic Establishment of the 1965 Race Relations Act and its Conciliation Board", *Contemporary British History*, vol. 31, no. 3, 2017 など。当初、労働党政府の内相であったフランク・ソスキスは刑事罰の適用を検討したが、アメリカ合衆国の公民権運動に範をとる弁護士らの意見により調停が選択された。

(15) Emily Robinson et al., "Telling Stories about Post-war Britain: Popular Individualism and the 'Crisis' of the 1970s", *Twentieth Century British History*, vol. 28, no. 2, 2017.

（16）　Robinson et al., "Telling Stories about Post-war Britain", pp. 299–302.
（17）　Robinson et al., "Telling Stories about Post-war Britain", p. 300.
（18）　企業経営者、大学や学校の教員、労働組合役員、ソーシャルワーカー、弁護士、エスニック・マイノリティのコミュニティ関係者などが名を連ねていた。各年次報告参照。
（19）　一九七六年一月時点でのＲＲＢの調査部のメモランダム（CK2/148）によれば、一九六八年法が施行されてから一九七五年末までの時点でＲＲＢに報告された訴え三六六件のうち一二二件（被告数で言えば一〇一件）が民事訴訟へと持ち込まれている。一〇一件中、約半数（四八件）が第２条関連である。実際に訴訟に至ったのは三三件でうち二三件でＲＲＢに有利な判決が下されたとある。
（20）　その大半が告訴によるものだが、同法第17条規定によりＲＲＢが自主的に調査した案件もごく一部含まれる（当該年度は一七件）。
（21）　全てCK2カテゴリーで、以下そのファイル番号を指す。60, 62, 148, 238, 342, 345, 352, 358, 359, 367, 368, 371, 378, 396, 466, 468, 631, 1114, 1155, 1156, 1157, 1670, 1681, 1691, 2000, 2240, 2242, 2405, 2446, 2514, 2516, 2534, 2597, 2598, 2605, 2605, 2661, 2724, 2725, 2785, 2786, 2787, 2788, 2789, 2825, 2828, 2926。関連により確認したがここには含めなかったファイルが二つあり、一つ（350）はダンスホールでの雇用に関わる事例であり（本来は第３条関連）、もう一つはナイトクラブに併設された飲食店からの排除事例（2701）である。
（22）　人数に幅が生じているのは、ケースによっては、当初述べられていた人数よりも最終的に告訴まで関わった人数が減少する場合があるからである。
（23）　リーズ（Leeds）のペンタゴン・ナイトシーン（Pentagon Nightscene）におけるケースでは、ドアマンや女性従業員が差別を否定するマネージャーの発言とは異なる内容の証言をおこない、結果、訴えの信憑性が肯定的に評価されている（CK2/359）。
（24）　CK2/238.
（25）　ロンドンの下町の貧しい出自で、軍務を経て、戦後一九四六年にメッカに広報責任者として加わったモーリーは程なくダンス部門および企業全体の経営に関わった。彼がその才覚を遺憾無く発揮したのが、後にＢＢＣで長寿名物番組となったダンスショー番組「カム・ダンシング」（Come Dancing）を一九四九年に企画したことと、一九五一年に美人コンテスト「ミス・ワールド」（Miss World）を考案し、その初期においてメッカを会場としたことである。政治的には熱烈なサッチャー主義者であったとも言われ、のちに保守党の候補として政界進出も試みている（*The Guardian*, 'Obituary: Eric Morley', 二〇〇〇年一一月一〇日）。
（26）　一九七〇年にこの問題はラジオ番組で取り上げられ、そこにはモーリーとＲＲＢからは当時のトップであったマーク・ボナム＝カーター（Mark Bonham-Carter）らが出演して議論をおこなっている（CK2/238）。

（27） メッカとモーリーの対立についてはCK2/238に詳しい。またメッカに対しては、黒人女性の雇用に関するケース（CK2/350）でも疑念が持たれていた。
（28） TNA, CK2/2240 および 2242.
（29） TNA, CK2/2405.
（30） また特にコヴェントリーのケースでは、告訴人の「素行」から調停委員会自体がさほど告訴人に同情的ではないという後述の要素も加わっている。
（31） TNA, CK2/148.
（32） この判決は少し前に出たRRBの訴えによるパブでの類似の判例（RRB-v-Morris）に基づいて下されている。
（33） この事例は、二〇一七年の国立公文書館のブログ記事（The National Archives, 'Young, British and black: opposing race discrimination'）でも興味深い事例として取り上げられており、筆者がこの問題に関心をもつきっかけともなった。
（34） 一九七五―七六年の年次報告での記述にもその自信が表れている。
（35） 対照的に、同じ日に店からの排除が人種を理由としていたことを証明するために、同夜やはり入店を拒否された黒人女性が探し出され当初有力な証人と期待されたが、彼女の「信頼度」に関して当時のRRBの法律顧問から懐疑的な意見が寄せられていることが印象的である。彼女はその他の証人に比べて「直情的で開けっぴろげ」だとされ、反対尋問に「攻撃的に反応してしまう危険」があり、「一七歳と若く、九カ月の赤ん坊が」いて、ダンスホールに来る前に「西インド諸島系の少女たちとパレに向かう前に……一時間ほど「うろついて」いた」とその行動への疑念も述べられている。
（36） 最終的に告訴したのは三人。
（37） RRBおよび法律顧問であった弁護士たちが訴訟をある種の広報（パブリシティ）的活動として認識していることも、疑念を持たれがちな「被害者」のケースを法廷に持ち込むことの躊躇につながっている印象がある。
（38） Robinson et al., "Telling Stories about Post-war Britain".
（39） Robinson et al., "Telling Stories about Post-war Britain".
（40） Camilla Schofield et al., "'The Privatisation of the Struggle': Anti-racism in the Age of Enterprise", in Aled Davies et al., *The Neoliberal Age?: Britain since the 1970s*, UCL Press, 2021.
（41） なかには相当数の人種的マイノリティ出自の者も含まれていたと名前から推測できる。

終章 「許容する社会」、モラルの再興、マーガレット・サッチャー

小関 隆

はじめに――「許容する社会の巻き戻し」

実現されるべきだと思うのは、許容する社会(パーミッシヴ・ソサエティ)の巻き戻しです。今では人々のふるまいがかつてより自由になった、と述べるのはごくありふれたことです。

自分のあらゆる本能のままにふるまう人が自由なのかどうか、私には疑問です。そうした人は己が欲望の奴隷だという方が真実に近い気がします。(1)

これは、マーガレット・サッチャーが選挙区の地元紙『フィンチリ・プレス』(一九七〇年一月二日)のインタヴューで、一九七〇年代に期待する変化を問われた際の回答である。真っ先に挙げられたのが「許容する社会の巻き戻し」であった。一九六〇年代末以降、「許容する社会」を批判する彼女の発言が目立つようになるが、一九七九年の首相就任に至る政治的上昇にとって、「許容」批判はいかなる意味をもったのだろうか?

一、一九六〇年代との接続

「豊かな社会」と文化革命

本書の序章が述べる通り、近年の再検討によって、労働争議に明け暮れ、スタグフレーションに沈み、社会不安が蔓延した「暗澹たる一九七〇年代」といった像は着々と覆されてきた。それに伴い、「統治不能」のことばが飛び交うほどの「危機」の深刻化がサッチャリズムの荒療治を要請した、とする従来の通説も揺らいでいる。こうした研究動向を受けて、次に問われねばならないのは、一九七〇年代のサッチャーの栄達を「危機」とは異なる要因によっていかに説明するか、であろう。本稿では、一九六〇年代を視野に収めて七〇年代と接続させ、特にモラルの問題に着目しながら、この問いへの回答を探ってみたい。

一九六〇年代のイギリスでは、大衆消費社会(「豊かな社会」)の到来を基礎として、①文化革命が開花し、②「許容」の風潮が広がった。①②のいずれも、主要な担い手は一九六〇年代を若者として経験した第二次世界大戦後のベビーブーマー世代である。「豊かな社会」の若者は新たな文化的商品を旺盛に購買し、旧来のモラルやマナーに反旗を翻した。[2]

次節以降では②をクロース・アップするが、①についても簡潔に見ておこう。概ね一九五〇年代半ばから石油ショックの七三年あたりまで、イギリスは経済成長と大衆消費を謳歌し、それは可処分所得を積極的に消費に投じる若者によって牽引された。個々にはささやかでも、合算すれば空前の大きさになる彼らの購買力を当て込んで、市場には「若さ」「新しさ」を強調する商品が溢れた。この時代の若者にとって、好みに合う商品の購入こそ、自分がどういう人間なのかを主張し、大人の指図や社会的な制約からの自立を実感するための最も重要な方法であった。たとえ労働者階級であっても、消費を通じた自己表現が可能になったこと、ここに一九六〇年代の重大な特徴がある。

ただし、「こんなによい時代はなかった」(首相ハロルド・マクミラン)などと「豊かな社会」が言祝がれる一方で、「衰退」への懸念も語られた。イギリスの経済成長は他の先進国よりも緩慢で、世界市場でのシェアは低落傾向にあった。そして、「衰退」の原因としてしばしば指摘されたのが、時代遅れなエリート支配が新たな科学技術への適応を阻み、有能な人材の登用を難しくしていることであった。一九六〇年代が伝統的なモラルやルールが疑問視される時代になった一因には、こうしたエリート批判があった。また、経済成長が格差を拡大させ、貧困世帯がむしろ増加していることも明らかになった(「貧困の再発見」)。「豊かさ」に与ったのは少数の富裕層だけではなく、その一端は国民の多数派に届いたのだが、しかし、「豊かさ」の分配はきわめて不平等であった。

こうした留保は付くものの、「豊かな社会」はたしかに到来した。ビートルズのレコードであれミニスカートであれ、一九六〇年代の新しい文化的商品は、生活必需品以外の商品を買える若者が存在したからこそ時代を席捲できたのであり、消費行動を通じて、若者は文化革命の主役となった。そして、従来の常識を覆すような新しい文化的商品には、ハイ・カルチャーはポピュラー・カルチャーよりも価値がある、という文化のヒエラルキーを根底から揺さぶる力があった。「革命」とまで呼ばれるのは、価値観の大転換が起こったためである。

保守党と労働党

「衰退」を危惧し古臭いエリート支配を批判する声が強まったことは保守党を逆風にさらし、これに対して、労働党は「科学革命の白熱」による社会の「現代化」という対案を提起した。保守党政権を支える伝統的エリートへの批判の先鋒として、下層中流階級出身の労働党党首ハロルド・ウィルソンは理想的であった。エリート支配を体現する保守党か、「現代化」を推進する能力主義の労働党か、これがウィルソンの設定した対抗図式である。

しかし、一九六四年に発足したウィルソン政権の「現代化」政策は総じて空回りし、六七年一一月にはポンドの切り下げを余儀なくされた。この措置は緊縮財政と増税を伴い、さらに、アメリカのヴェトナム戦争への支持や人種主義的な移民規制(第6章参照)、等で深まっていた政権への失望は、政府白書『闘争に代えて』(一九六九年)がストライキの法的抑制を打ち出したことで幻滅に変わった。法と秩序の再建を謳うエドワード・ヒース率いる保守党が一九七〇年に政権を奪回、この時初めて大臣ポスト(教育相)を与えられたのがサッチャーであった。

二、「許容」の時代

伝統的権威の失墜

一九六〇年代に表面化したもう一つの特筆すべき現象が、「許容する社会」の広がりである。「許容」とは、個人のふるまいを権力や権威が束縛するのは好ましくない、他者を侵害しない限り自己決定が尊重されるべきだ、といった考え方である。「許容」の浸透によって、一九六〇年代には人々の言動を縛ってきた旧来の法や慣習、モラルや規範の拘束力が弱まり、それまでは抑制されていた言動が許されるようになる。自己表現や自己充足の可能性が飛躍的に拡大し、「民衆的個人主義」の条件が整えられたといってよい(序章参照)(3)。

「許容」の浸透は教会の権威の衰退と同時進行した。日曜には教会へ行く、結婚は教会でする、といった行動から距離をとる者が増えたばかりではなく、安息日の遵守、伝統的慣習の履行、節酒・節制、性的抑制、といった規範の弛緩も進んだ。文化革命が価値観の多様化を促す中、権威主義的な教導よりも自己決定を重んじるようになっていた人々には、今や容赦ない批判を浴びる伝統的エリートに寄り添ってきた教会に伺いを立てること自体が不毛と思われた。

自らの権威の低下を認識せざるをえなかった教会の側は，上から規範やモラルを押しつけても一層の教会離れを招くだけだと判断し，概して「許容する社会」との共存を図る方向で対応した。最大の勢力をもつイングランド国教会は一九六六年に離婚反対の立場を撤回し，カンタベリ大主教が，離婚要件の緩和，死刑の廃止，中絶の容認，といった「許容」立法への支持を公言した。

教会とは直接かかわらないマナーも弛んでいった。堅苦しい決まりごとを墨守する頭の固い大人に反発する若者を中心に，表面的な礼儀正しさに背を向け，肩肘を張らない人づきあいをよしとする風潮が強まる。「恭順」の衰退という現象ともヴェクトルを同じくするだろう（序章参照）。文化革命の中で登場したミニスカートや「騒音」呼ばわりされた音楽，王室や教会や学校の権威を小馬鹿にするアーティスト，あからさまな性描写を盛り込んだ映画，等は，旧来のマナーに照らせば拒否されるべきものだったが，そんなマナーはもはやさしたる拘束力を発揮できなくなっていた。

「許容」の浸透は法のレヴェルでも進展した。主要な「許容」立法を列挙しておく。一九五九年：猥褻出版法（検閲の緩和），六〇年：賭博法（場外馬券購入の合法化），六一年：自殺法（自殺の権利の承認），酒類販売許可法（パブの開店時間の延長），六五年：死刑廃止法（六九年に恒久廃止），六七年：性犯罪法（男性間の同性愛の合法化），中絶法（妊娠二八週間以内の中絶の合法化），国民健康（家族計画）法（避妊薬へのアクセスの拡大），六九年：改正離婚法（離婚要件の緩和），国民代表法＆家族法改正法（有権者資格と成人年齢の引き下げ）。一連の立法の旗振り役を務めた労働党のロイ・ジェンキンズは，一九六五―六七年にウィルソン政権の内相を務めた際には「史上最もリベラルな内相」と評された。

「許容」立法とマナーの弛緩に後押しされた変化のうち，おそらく最も注目されたのが性のタブーの打破である。未婚の母を描いたベストセラー小説『碾臼(ひきうす)』(一九六五年)の著者マーガレット・ドラブルは「性の革命」ということばを使ったが、この革命を先導したのも若者であって、かつては性に無知で、性行為に罪悪感を覚えていた彼らは、性の知識を獲得し、人生を充実させるものとして性行為を捉え直していった。ミニスカートが時代を象徴するアイテムといえるのは、「許容する社会」の若い女性が享受する自由、彼女たちの活発さを鮮烈に表現したからに他ならない。一九六〇年代後半には未婚女性にも経口避妊薬(ピル)が解禁され、子供をもつかどうかの自己決定が可能になった。こうした条件の下、積極的に性生活を楽しむ若者が増え、婚前の性行為さえことさら白眼視されることは少なくなる。さらに、婚姻外の性行為の広がりは、自明とされてきた結婚と家族のあり方の再考を促した。

ただし、「性の革命」は不可避的に性の商品化を誘発し、性を扱う雑誌や本、映画が増えただけでなく、テレビを介して性が茶の間にまで持ち込まれたことは、性的放縦を厭う人々の危機感を掻き立てた。テレビの性描写やポルノグラフィこそ、「許容」への批判に恰好の足掛かりを提供する。また、男性中心主義を温存する「性の革命」の限界は、一九六〇年代末以降の第二波フェミニズムによって根底的に批判されることになる(第3章参照)。

サッチャーと「許容」の恩恵

サッチャーが初当選(一九五九年)した頃、女性になによりも期待されたのは妻、母、主婦の役割であり、彼女のような子供をもつ女性政治家は特に保守党では異端者といえた。家庭を蔑ろ(ないがしろ)にしているかのような印象を与えれば保守層からの反発を招きかねないことを、サッチャーはよく心得ており、「ほとんどすべての女性にとって、家族の幸せこそ一番の関心事だ」といったセリフをしばしば口にした。一九六〇年二月六日のテレビ・インタヴユーでは、こう発言している。「……料理も買物も大好きです。週末にはいつもたくさん料理をするんですよ」[4]。もちろん、自分の政治活動が家族に迷惑をかけることはないと彼女が断言できたのは、富豪を夫にもち、「第一級のナニー兼家事使用人」を雇えたためだが、主婦イメージを政治的資源として活用しようとしたことは間違いない（次節参照）。

一九五九年総選挙で初当選した保守党議員のうち、いち早く政権にポストを得たのは六一年に年金・国民保険省の次官に抜擢されたサッチャーである。これは保守党が女性の社会進出が進む時代に適応していることを印象づけようとする人事であった。家庭をもちながら政治の世界でも奮闘する、そして、攻撃的で「喋りすぎ」「威張りすぎ」と評されがちな、旧来の「女らしさ」からはかけ離れた女性でも「許容」される時代になってきた、と判断されたのである。「許容」の追い風を受けたサッチャーはその後も順調にステップ・アップし、一九七〇年には教育相の座を得る。従順な女性に慣れた保守党の男性有力者たちは時にサッチャーに不快感を覚えたが、女性に優しくあれ、というジェントルマンの規範を守って、彼女を徹底的にやりこめるようなことは避けたという。こうした意味では、根強く残った古い規範がサッチャーを利した面もあったことになる。なお、サッチャーは中絶や同性愛の合法化に賛成票を投じたが、彼女の言い分では、これらは「特殊事例」に対応するものであって、「許容」全般を支持したわけではなかった[5]。

一九六四年総選挙に敗れた保守党が史上初の下院議員による党首選を実施し、大工の息子だったエドワード・ヒースを選出したことが示すように、新しい時代に合わせた変化の兆しはたしかにあったが、それでも、「男性たちにはあまりにも強く偏見が染みついている」「私が生きているうちにイギリスに女性の首相が誕生することはない」というのがサッチャーの認識であった[6]。ところが、経済的自由主義から介入主義へずるずると「Uターン」した首相ヒースに失望したサッチャーは、政治的師にあたるキース・ジョゼフが優生学的な発言を問題視されて党首選への立候補を断念すると、自ら党首＝首相候補の座に挑む決意を固める。

三、一九七〇年代の反「許容」

「許容する社会」を誰もが歓迎したわけではない。聖職者や教員や親の権威が失墜し、同性愛や中絶が容認され、ポルノグラフィが量産され、ドラッグまで蔓延する、そんな風潮に眉を顰める人々の方が数の点では多かっただろう。伝統的モラルの再興を唱える反「許容」のバックラッシュが浮上するのは一九六〇年代半ば、七〇年代には一大潮流となる。

メアリ・ホワイトハウス

反「許容」の闘士として群を抜いて有名なのがメアリ・ホワイトハウスである。中学校の美術教員だった彼女の人生に転機が訪れたのは、プロフューモ事件（ソ連大使館付き武官とも性的関係があったコールガールに軍事機密を漏洩した疑惑で、マクミラン政権の陸軍相ジョン・プロフューモが辞任）が耳目を集めた一九六三年のことである。生徒たちがプロフューモ事件のコールガールの物真似をし、「売春」「性交渉」「同性愛」といったことばを平然と使うようになったことに衝撃を受けた彼女は、翌年一月、五三歳にしてテレビ浄化運動（Clean Up TV Campaign：ＣＵＴＶ）を発足させ、モラルの聖戦に立ち上がる（翌年一一月に全国視聴者協会 National Viewers and Listeners' Association：ＮＶＬＡと改称）[7]。標的に据えられたのは、家庭に「乱交と背徳と泥酔」を垂れ流すテレビ、特に性行為の場面が出てきたり、性をあからさまに語ったりする番組、同性愛や不倫を扱う番組であった。

五〇万筆の賛同署名が寄せられたＣＵＴＶのマニフェストの一部を紹介しておこう。

一、私たちイギリスの女性はキリスト教に基づく生活様式を信ずる。

二、私たちが育てる子供たちのために、私たちが愛する国のために、私たちはキリスト教に基づく生活様式を求める。

三、私たちは、今日行われているキリスト教に基づく生活様式を蔑視し破壊しようとする企てを嘆かわしく思う。とりわけ、私たちは、BBCがテレビ画面を通じて数百万もの家庭に注ぎ込んでいる不信心と懐疑と汚辱のプロパガンダに反対する。(8)

見られる通り、テレビ、中でもBBCを批判するにあたってホワイトハウスが拠り所としたのはキリスト教である。彼女の見立てでは、堕落した番組の増加は「許容する社会」が唯物論ないしヒューマニズム(無神論的な人間至上主義)を跳梁跋扈(ちょうりょうばっこ)させていることに起因し、結果的に、社会の基礎たるキリスト教が侵蝕される事態が出来していた。もう一つ、テレビの害毒に抵抗する主体が「私たちイギリスの女性」(子供をもつ母親)であることも見逃せないが、「主婦性のポリティクス」については後段でとりあげる。

テレビ番組が当面の標的ではあったものの、彼女の批判は「許容」全般に向けられた。

「許容する社会」は不快かつ有害なものだ。アートは堕落し、法は蔑視され、破壊と暴力の噴出でスポーツも汚されている。中絶、ドラッグ中毒、精神障害、アルコール依存、そして性病感染といった過重な負担をかけられた保健サーヴィスは国家財政に歪みを生じさせている。(9)

堕落したテレビ番組を「許容」という悪の一つの端的な兆候と捉え、それをキリスト教的モラルへの脅威と見なす図式には、階級横断的な支持が寄せられた。ホワイトハウスのアピールを通じて、伏在していた反「許容」の潮流が顕在化したのである。

ホワイトハウスの見るところ、重大な責任を負うべきは「許容」への同調に傾く教会であった。「教会の一部のセクションが、時には指導部までもが、恥ずべきことにこの間ゴスペルを擁護し唱道できなかったことの責任は重い。やる気満々のヒューマニストたちが無神論や無神論的な態度を全国に広めることを許し、それを助長さえしてしまったのは誤りであった[10]」。教会の無責任に「許容」を推進する勢力が乗じた結果、モラルや規範が失われ、社会は惨状を呈するに至った。

過去一〇〇〇年にわたり、わが国でキリスト教の倫理の妥当性に深刻な疑義が投げかけられることはなかった。人々は過ちを犯しはしたが、少なくとも原則において、正直であるのが正しいこと、親や教員や法を認め尊重すべきこと、乱暴なことば使いや不敬や猥褻がそもそも誤りであること、破壊行為や暴力行為に正当化の余地はないこと、密通や不倫が道徳に反すること、中絶が悪であること、男色が罪深いこと、殺人が最悪の犯罪であることを疑う者はほとんどいなかった。しかし、これらすべてが変わってしまった[11]。

「サイレント・マジョリティ」

NVLAのメンバー数は一九七〇年代半ばのピーク時で三万一〇〇〇、その七～八割を占めたのはホワイトハウスと同じ信心深い女性、それなりの年齢の主婦や退職者であった。著名な支援者には、マルクス主義からモラルの唱道へと転じたジャーナリスト・著述家マルコム・マガリッジやポップス歌手クリフ・リチャードがいる。やや意外なところでは、『読み書き能力の効用』の著者リチャード・ホガートもホワイトハウスの運動に関心を抱き、集会に参加したことがあった。最終的にはホワイトハウスを批判する側に回るが、「果てしなく無責任な快楽追求」へのホガートの危機感には、「許容」批判と共鳴するところがあった[12]。NVLAの主張を最も精力的に流布させた新聞『デイリ・メール』の発行部数は、一九六六年時点で二三〇万部である。また、NVLAのメンバーの多くは保守党支持だったが、組織としては党派的中立を原則とし、サッチャーの党首就任(一九七五年)

までは保守党との間に連携関係はなかった。さらに、若干の聖職者を例外として、教会もＮＶＬＡから距離を置いた[13]。

教職を離れて運動に専念したホワイトハウスは、ＮＶＬＡの活動方針をほとんど独断で決定し、テレビ出演、新聞への寄稿、講演、記者会見、議員への陳情、街頭活動、等、ほぼあらゆる場面で先頭に立った。彼女を突き動かしたのは、「サイレント・マジョリティ」の気持ちを代弁する使命感であった。「許容」を提唱し、テレビの堕落を促しているのは「声の大きなマイノリティ」にすぎず、モラルの聖戦の先鋒を務める彼女の双肩に、声高な異議申し立てを控える良識あるマジョリティの思いがかかっている、と。実際にマジョリティだったかどうかはともかく、社会の変貌に違和感を抱く人々は決して少なくなかった。彼らの思いに明快なことばを与えることで、自分は草の根の庶民の「耳を傾けられる権利」を守っている、これがホワイトハウスの自負するところであった。エリート的イメージの強いＢＢＣと、権力とは無縁のなんの変哲もない元教員ながら「サイレント・マジョリティ」の思いを担う自分との間に、ポピュリズムが好む「エリート対庶民」の対抗図式を描いたのである[14]。

聖戦の成果

性的な題材を扱うテレビ番組を芸術的価値も社会的意義も一顧だにせず指弾し、放送の禁止や内容の修正を要求して、キリスト教的モラルを対置するホワイトハウスの主張それ自体には、特筆すべきところはない。反「許容」を唱える著名人が他にもいる中で彼女がずば抜けて注目を集めたのは、ごく凡庸な主張を倦まず弛まず繰返し、主張に沿った行動を執拗に実践した点で他を圧していたからである。八四歳で一線を退くまで、彼女は全国を飛び回って同じような講演をし、抗議すべき対象(当初のテレビ番組から、歌や芝居、映画や雑誌にまで段々と拡大)を見つけると、署名運動や集会を組織して、放送・上演・上映禁止、出演者の出演とりやめを要求した。時には裁判に訴え、議員への陳情も頻繁に行った。持説を譲らず異論に耳を貸そうとしない彼女は、特に「許容」の時代の若者からすれば滑稽でしかなく、嘲られたが、しかし、怯むことなく活動を継続することを通じて、徐々に社会的に認知されていった。

いくつかの成果もあった。まず挙げられるのが、BBC会長ヒュー・カールトン・グリーンを辞任に追い込んだことである。一九六〇年から会長を務めたグリーンは、BBCは社会の自由化を先導すべきだとの持論に沿って、伝統的な良識や規範の再吟味を進め、教会や王室についてのジョークを禁ずる長年の慣行を廃止するとともに、中絶やホームレス、核軍縮や脱植民地化といったテーマを扱う意欲的な番組づくりを後押しした。BBCを「キリスト教信仰と民主的生活様式の基礎を掘り崩す考えをもった者たちの宣伝機関」とし、イギリスを「神ではなく人間が中心となる社会へと導こうとしている」グリーンは、まさにホワイトハウスの仇敵であった。一九六七年七月にBBC理事会の議長に就任したヒル卿は彼女とは旧知の仲であり、彼女の主張に沿って、「よきテイストという基準から意図的に逸脱しない」との方針を打ち出すが、グリーンはこれに反発し、六九年に会長職を退く。彼女の飽くことなき糾弾と精力的な人脈づくりが力を発揮したわけである。グリーンの辞職に至る過程では、彼女が「汚らわしく冒瀆的」「左翼過激派のための党派的な政治放送」と毛嫌いしたコメディ・ドラマ『死がわれらを分かつまで』(一九六五―六八年、七二―七五年)が放映中断を余儀なくされもした。ヒルの方針に立腹した脚本家ジョニー・スペイトが執筆を拒否したためであり、これもホワイトハウスの成果といえた[15]。

最も物議をかもしたのが『ゲイ・ニューズ』裁判である(第4章参照)。一九七六年六月の『ゲイ・ニューズ』に掲載されたジェームズ・カーカップの詩「あえてその名を語る愛」が、キリストを同性愛者のように描いていることに驚愕したホワイトハウスは、冒瀆文書誹毀罪で訴えることを決意する。

これこそキリスト教信仰に加えられてきたすべての攻撃の頂点だと私は考えた。……なにかをしなければいけないと感じた。即座に想起したのは、十字架に架けられたキリストのこと、彼に背を向けて歩み去り、見捨てた人たちのことであり、もしもなにもしなければ、自分もこれらの人たちと同じ、二度と再び自分らしく生きることはできないと思った。(16)

神への冒瀆を争う裁判はイギリスでは実に半世紀以上ぶり、時代錯誤的との声もあったが、一九七七年七月一二日に『ゲイ・ニューズ』社と編集長に有罪判決がくだされる。世論は騒然となり、判決への批判が広がっただけでなく、抗議集会には「メアリ・ホワイトハウスを殺せ！」と書かれた旗まで登場した。しかし、上訴は棄却、聖戦の勝利に終わる。(17)

法的な成果は以下の通り。一九七八年：児童保護法（年少者を使うポルノグラフィを規制）、八一年：猥褻物陳列法（ウィンドウ・ディスプレイや雑誌の表紙を規制）、八二年：地方自治法（セックス・ショップを閉鎖させる住民の権限を強化）、八四年：ヴィデオ録画法（レンタル用ヴィデオを等級分け）、九〇年：改正放送法（猥褻出版物への罰則規定をテレビ放送にも適用）。ただし、ホワイトハウスからすれば、いずれの法も手緩く、満足できる成果ではなかった。

それでも、時間の経過とともに、自分の主張への支持が広がっているとの自信をホワイトハウスは深めていき、一九七〇年代半ばには、モラルの点では六〇年代よりも健全になった、と言明するようになる。これを彼女の手前味噌と断ずるのは容易だが、「許容する社会」への漠然たる不安や違和感を彼女がわかりやすく言語化していた面を見逃してはなるまい。どれほど揶揄（やゆ）されようが、持説を変わらず唱えつづけた彼女は着実に知名度を高めていった。嘲けられがちだった彼女の言動にしても、それはメディアにとって魅力的なコンテンツでもあって、テレビは彼女を出演させ、新聞・雑誌は彼女の記事を掲載、国民はそれを消費した。半ば辟易としつつも、間断なく彼女の主張に接しているうちに、そこに含まれた「正論」ないし「一理」を受容していった者たちは確実にいただろう。モラリズムの「スター」の影響力は侮れない。彼女個人の貢献をどこまで評価するかは難しい問題だが、一九六〇年代末から「許容」批判勢力の存在感が増してきたことは争われない[18]。

主婦性のポリティクス

おそらくこうした変化を察知したのだろう。初当選以来、「許容」の恩恵を受けてきたサッチャーは「許容」批判に力点を移していく。一九七〇年四月九日には、BBCラジオの討論番組で次のように語った。

……私たちの大半にとり、それ〔「許容」〕が根底で意味するのは、自己規律がかなりの程度まで瓦解し、物事が通常の節度を越えることです。「許容する社会」は、家庭生活と社会の単位としての家庭を相当なところまで掘り崩していると思います[19]。

「平均的な女性」にとって、「許容」とは「性的放縦」と「子供がドラッグに走ることへの心配」に他ならない、との発言もあり、大筋においてホワイトハウスのそれと似た「許容」批判と見てよい。伝統的モラルの救済を訴えて、「許容する社会」に心穏やかでいられない人々の共感を誘おうとする戦略を、サッチャーは選択したのである。もともと保守党支持者の間では反「許容」の傾向が強く、「許容」の行き過ぎを懸念する声が世論全般でも広がりつつある中、最高権力への上昇にとって、これは明らかに有効な選択であった。

ここで、サッチャーとホワイトハウスが体現した「主婦性のポリティクス」を確認しておきたい。同じく地方の下層中流階級家庭出身の母親だった二人は、いずれも主婦としての自分を強調した。キリスト教的モラルを足場に「許容」批判を展開した点ではサッチャーもホワイトハウスと同様であり、信心深さを中核に据える伝統的な女性性を二人が前面に押し出したことは理解しやすい。また、主婦イメージの強調は、家庭を女性の居場所と見なす旧来の発想に挑戦してくる「許容」の風潮に抵抗し、あるべき家庭像を称揚するにあたって、きわめて効果的であったし、さらに、やりくり能力や庶民性を印象づける力をも発揮した。信仰に動機づけられ、伝統的な家庭を擁護して「許容する社会」に異を唱える主婦、二人が共通して纏ったイメージはこれであった。もちろん、政治家としての精勤ぶりで知られたサッチャーにも、全国各地を飛び回ったホワイトハウスにも、専ら家庭を居場所とする主婦ほどには家事を全うする条件はなく、主婦性の強調はあくまでも保守層にアピールするためのイメージ戦略であった。「家庭は女性の生活の〔その先へ進めぬ〕境界線ではなく、中心であるべきだ」というサッチャーの言い方は巧妙である。

初当選の頃からサッチャーは家庭を大事にする自分をことさら印象づけようと努めたが、「許容」批判への力点の移動に伴って、主婦の演出には拍車がかかる。一九七五年二月の党首選への挑戦を決意して以降、特に強調された出自の慎ましさも、庶民的な主婦のイメージを補強するものであった。党首選投票前日（二月三日）の『デイリ・ミラー』に掲載されたインタヴューで念押しされたのも、「私はごくありふれた生活をしてきた普通の人間」、「小さな町のいたって平凡な家庭で哲学を学んだ」、といった庶民性であった[20]。

党首となったサッチャーは、富豪の妻である現実を覆い隠すかのように、地味な装いを心がけ、声を低くしてアクセントを弱める訓練を受けた。同時に、食料雑貨店の実家と父親の影響を強調し、幼少期の貧困を誇張した。構築されたのは、党首として多忙であっても家事を大切にし、高い地位にもかかわらず奢ることなく倹約を心がける「主婦マギー」のイメージであった。中古車を運転したり、カーテンの生地を子供の衣服に転用したり、といった彼女の行動が、戦略的に演出されたイメージのリアリティを支えた。「主婦マギー」の演出はまた、彼女が説く経済政策が日常的な倹約や節制の倫理に適っている、と印象づけ、政治家サッチャーへの信頼を喚起するうえでも効果があった。「やりくり上手な主婦の感覚」に基づく経済運営なら期待できるだろう、と[21]。

少数のエリートが「サイレント・マジョリティ」に「許容」を押しつけている、という図式において、最も説得力をもってエリートに対抗できるのも主婦であった。俗悪なテレビ番組や雑誌を使って家庭に侵入し、若者や子供を毒すエリートの前に立ち塞がる主婦、家庭を守り健全な子供を育てる主婦こそ、モラルの砦に相応しい存在なのである。多忙ゆえ、実際には大して家事を遂行していたとは思われない(その意味では「許容」の受益者といえる)彼女たちの主婦性のポリティクスがうまく機能したのは、家庭に集約された伝統的な価値の守護者としてふるまう主婦に惹かれる人々が幅広く存在したために他ならない。そもそも、ホワイトハウスがサッチャーに絶大な信頼を寄せたのも、「彼女が女性だから、しかも母親だから」であった。女性こそがモラルと信仰の守り手だ、という認識である。フェミニズム的なシスターフッドを嫌ったサッチャーも(第3章参照)、女性なら、特に主婦なら自分の主張をわかってくれる、との思いを抱えていた。(22)

四、サッチャリズムとモラルの再興

モラルと経済

サッチャリズムは政治や経済だけではなく、モラルをも視野に収めたプロジェクトであった。一九七〇年代に喧伝された「危機」の原因として、介入主義的な経済政策やコンセンサス政治、労働組合の戦闘性、等が指弾されたことはよく知られているが、サッチャーが劣らず重大視したのが六〇年代以来の「許容」に起因するあるべき価値観の崩壊であった。一九七八年五月一三日のスコットランド保守党大会で、彼女はこう演説した。

……私たちは奇妙な時代を生きてきました。経験とは無縁の社会学的な理論がもてはやされ、伝統的で試され済みの価値が隅に追いやられる時代です。二〇年にわたって繰り出されてきた社会分析やぼやけた政治理論が、道徳や合法性、善と悪に関する旧来のことばが都合よく忘却されてしまう状況を導いたのです。(23)

サッチャーが提示した「危機」への処方箋には社会の再モラル化が含まれており、いわばモラリズムによるコーティングを施したことは，福祉の縮減のような口に苦い政策を受けいれやすくするうえで効果的であった。「許容する社会」への反動に，彼女はうまく乗じたのである。[24]

「衰退」を逆転させ「イギリスを再び偉大にする」ために，規制緩和や公共支出の削減を通じて経済成長を実現する，というサッチャーが打ち出した見通しにとって，伝統的モラルを核とする価値観の再建は避けて通れない課題であった。キース・ジョゼフによれば，「健全な経済」が実現できるのは「健全な国民」だけであるから，モラルが「許容」によって棄損されている限り，経済政策は十全には成功しがたい。サッチャーの認識も同様であった。一九七六年に保守党中央事務局が発表した政策提言『正しいアプローチ』は，嘆かわしい現状の打破に向けてなによりも重視されるべきは「自由と責任の再建」である，というサッチャリズムの主張を明確に表明している。そのために必要なのは，「国家や国家の認可を受けた諸団体による行き過ぎた介入から個人を守り，国民や彼らの民主的機関からの権力の流出に歯止めをかけて，シティズンであり所有者であり消費者である国民に，より大きな権力を与えること」であった。[25]

自由が責任から遊離し，放縦に変質してしまう事態を阻むには，モラルによる支えが不可欠である。一九七八年三月三〇日のサッチャーの演説は，この点を明瞭に語っている。

> 自由にはたくさんの困難が伴います。それは安全を保証せず，皆さんに道徳的なジレンマを与え，自己規律を求め，甚大な責任を課します。
>
> ……ある種の道徳的枠組み，一群の共有される信念，教会や家庭や学校を通じて継承されたなんらかの精神的な遺産の枠内で行使されないなら，自由は自滅することでしょう。
>
> だからこそ，私たちは自由と同時にモラリティをもたねばなりません。

伝統的モラルを喪失した人々は，自己責任を棚上げして国家への依存を強めることになる。サッチャーのいう

「依存文化」である。同じ演説はこう続けられる。

貧困や苦難の救済が責務であるということと、この責務が国家によって最も効率的かつ人間的に遂行されるということとは、別問題です。実際のところ、自分の全責任を官吏や組織に委ねてもよいという考えとともに人々が逃げることを許してしまうなら、重大なモラルの危機と深刻な実践的危機が出来します。(26)

モラルの再興にとっても、経済の復活にとっても、国家への依存からの脱却が鍵だ、ということである。サッチャーが「ヴィクトリア時代の価値」という有名な表現を用いたのは一九八三年一月一六日のインタヴューの際だったが、ここに含意されているのも、国家に依存するのではなく、勤勉、自助、倹約、独立独行、といった徳を実践し、自己責任を引き受ける国民こそが経済の復活を導く、との主張に他ならない。(27)

モラルと宗教

再興されるべきモラルの源泉はキリスト教である。宗教的基礎を欠くモラルは根をもたぬ花のようなものだ、というのがサッチャーの言い分であった。保守系シンクタンク、バウ・グループでの一九七八年五月六日の演説を紹介しよう。

私たちの社会が全面的にキリスト教社会だとは主張できません……キリスト教社会がいつも必ず良きものだと主張しようとも思いません。

しかし、私たちは何世紀にもわたりキリスト教を宗教とし生活様式としてきた社会を継承しています。キリスト教徒か否かにかかわらず、私たちの大半はキリスト教が……個々人の精神に与えた絶対的価値によって直接・間接にインスパイアされているのです……

サッチャーの場合、キリスト教への言及はレトリック上の装飾ではない。ワーカホリックと評されるほど勤勉だったにもかかわらず、教会通いは彼女の忙しいスケジュールにきちんと組み込まれた。そして、自分の主張はキリスト教の教えに合致すると信じていたからこそ、彼女は「信念の政治家」を自称できた[28]。既に引用した一九七八年三月三〇日の演説は、自分の政治的見解が宗教的な家庭環境において形成されたことを語っている。

私は今日の基準からすれば厳格と見えるかもしれない宗教的な環境の中で育てられました。日曜には、午前と午後の日曜学校に加えて、二度教会に通うこともしばしばでした。平日にもたくさんの教会の活動に参加しました。私たちは私的な享楽にあまり多くを費やすのは間違いだと信じていました。いつも自分で決断し、大勢に追従するという安易な道を決して選ばぬよう、教えられました[29]。

子供時代の彼女が日参したのはメソディスト教会、食料雑貨店を営む父親は地元の教会で平信徒説教師を務める熱心な信仰の人であった。結婚を機にイングランド国教会に転じたとはいえ、個人の自己規律へのアピールであれ、華美の排除であれ、サッチャーの信条の多くはたしかにメソディスト的な志向性に適っていた[30]。

サッチャーに特徴的なのは、キリスト教の教えは「個々人の精神」に与えられたものだ、との解釈を介して、責任を伴う個人の自由の拡大を意図する自分の政策とキリスト教の親和性を力説した点である。たとえば、一九八一年三月四日の演説は次のようにいう。

いうまでもなく、私たちは聖書の教えから、私的なそれだけでなく公的なモラリティの原理を引き出すことができますが、しかし、こうした原理はすべて最終的には他者と関係を結ぶ個人に戻ってきます。私たちは常に心しておかねばなりません。自らの道徳的責務を社会に手渡せば責務から逃れることができますし、「国の」「社会の」罪を語れば自分自身の罪から逃れることができますが、私たちに要請されているのはどんな他人の罪でもなく、自分の罪を悔い改めることなのです[31]。

個人の自己責任の重要性を語っていることは明らかである。

ただし、聖職者の間では、サッチャー流の個人主義的なキリスト教理解は信徒の連帯や相互扶助と齟齬を来す、との見方が強く、特にイングランド国教会は、福祉国家を擁護する立場からサッチャー政権の新自由主義的な政策を厳しく批判することになる。サッチャーの側も、しばしば大学やBBCのような「特権的」な団体と横並びにして国教会に攻撃を加えた。長らく保守党の支柱であった国教会との関係は冷え込むが、平信徒の多くは保守党への支持を維持し、むしろ高位聖職者の政治への口出しを嫌忌した。結局のところ、国教会との緊張関係がサッチャー政権にとって深刻なダメージになることはなかった。(32)

サッチャーとホワイトハウス

草の根の保守党員の間でホワイトハウスが早くから人気を博した一方、NVLAの運動にコミットする党の有力者は少なかったが、「許容」批判の広がりを背景に、一九七〇年代前半には彼女に賛辞を贈る有力者が出てくる。その一人がキース・ジョゼフであり、一九七四年一〇月一九日の演説（党首選への立候補断念のきっかけとなった演説）で、「信念と思いやりに鼓舞されさえすれば、一個人が独力でどれほどのことをできるかを教える輝かしい実例」としてホワイトハウスを称賛した。

……無名の中流階級女性、ミッドランズの教員が、若者たちを守るために、私たちの時代の許容に立ち向かいました。彼女に敵対する勢力の大きさを見てください。一方には、鋭利なことばと嘲笑を備えて身構える新たなエスタブリッシュメントの総体、彼らに立ちはだかっているのはこの一人の中年女性です。(33)

一介の「中年女性」と強力な「エスタブリッシュメント」とを対抗させるホワイトハウス的な図式である。この演説をホワイトハウスは保守党がモラルの聖戦の盟友たりうることを示すものと受けとめ、実際、党首にサッチャーを戴いた保守党は労働党政権を攻撃する際にモラルの論点を頻繁に持ち出していく。

サッチャーとホワイトハウスの初対面はおそらく一九七三年四月、一三五万筆を集めた猥褻関連法の強化を求める署名をホワイトハウスが首相官邸に提出した時であり、教育相の立場でサッチャーは面談に応じた。二人はその後も連絡をとりあう関係になる。[34] 一九七七年には、児童ポルノグラフィ対策の新たな立法の要請をジェームズ・キャラハン率いる労働党政権に拒否されたホワイトハウスがサッチャーに協力を要請し（「彼女は女性だから関心をもってくれる」）、サッチャーは「必要ならばどんな時間でも協力のために特別に出向く」と応じた。キャラハン政権が現行法で充分だとする態度を変えなかったため、保守党のシリル・タウンゼンドが児童ポルノグラフィを規制する法案を提出、サッチャーはこの議員立法を積極的に支援し、法案は一九七八年七月に可決される。[35] 二人の共闘が具体的な成果に結びついたのである。

サッチャーの保守党がキャラハンの労働党よりも好ましいことが実践的に証明されたわけだが、党派的中立を原則とするNVLAが来るべき一九七九年総選挙で保守党を支援するためには、手順を踏む必要があった。そこで実施されたのが、モラルにかかわる争点についてのアンケート調査である。キャラハンの回答は「大変興味深い」が「不満が残る」、自由党党首デイヴィッド・スティールは回答を拒否、対照的に、サッチャーはポルノグラフィ規制への意欲を示したばかりでなく、性教育はキリスト教の原則に沿うべきだとも回答した。この結果を受けて、NVLAは「ミセス・サッチャーが子供と家庭を守るためのわれわれの闘いを真剣に支持していることに疑いの余地はない」と結論し、総選挙では精力的に保守党を応援してサッチャー政権の成立に貢献した。[36]

首相官邸入りにあたって、サッチャーは、不和に代えて調和を、過誤に代えて真実を、懐疑に代えて信念を、絶望に代えて希望を、というアッシジの聖フランチェスコのことばを口にするとともに、今の自分があるのは父親のおかげだ、とも発言したが、「食料雑貨店の娘」を首相にまで上昇させた父親の教えの核心にはメソディズムがあり、二つのセリフはいずれもキリスト教への帰依を印象づけるものであった。ホワイトハウスに対し、サッチャーは、「私たちのいずれもが強い思いを抱いている諸問題」について意見交換する意向を伝えた。サッチャー政権の成立により、モラル再興の機はいよいよ熟したかと思われた[37]。

ところが、いったん首相の座に就くと、サッチャーはホワイトハウスが期待したほど積極的にモラル再興に向けた政策を推進せず、一九六〇年代の「許容」法を覆そうともしなかった。二人の間に緊張が走った事例として、内務省が設置した「猥褻および映画検閲に関する委員会」の報告書をめぐる経緯を紹介しよう。ポルノグラフィの影響はさしたるものではなく、猥褻関連法の改正は必要ない、という報告書の結論に激昂したホワイトハウスは、報告書を拒否することをサッチャー政権に迫り、これを受けて政権は保守党のティモシー・ソールズベリによる議員立法(セックス・ショップを規制し、露骨なウィンドウ・ディスプレイを禁止する一九八一年猥褻物陳列法として成立)を支援した。たしかに報告書の結論は尊重されなかったわけだが、ホワイトハウスの見るところ、警告さえ掲げればポルノグラフィを販売することを可能とするこの法は手緩かった[38]。彼女は政権がより厳しい規制に向けて指導力を発揮しようとしないことに苛立ちを募らせ、サッチャーに抗議の手紙を送るものの、しかし、規制緩和を基調とする政権の経済的自由主義とポルノグラフィ販売の規制強化とは、そもそも相性が悪かった。サッチャーの「許容」批判は支持調達のための方便ではなく、価値観の再建なくして経済成長なしとの認識もあったとはいえ、一朝一夕に達成されるはずもないモラルの再興は、所得税の軽減や国営企業の民営化のような即効性を期待できる政策に比べて、どうしても後回しにされがちであった。ホワイトハウスのサッチャーへの信頼が揺らぐのは不可避だった[39]。

それでも、二人は表面的には友好関係を維持し、面談の機会も設けられた。一九八〇年にサッチャーはホワイトハウスにイギリス帝国三等勲章を授与、八四年にはNVLAが創設したテレビ・アワードの授賞式にわざわざ出席して、スピーチでホワイトハウスを称賛した。「「一人の人間になにができるのか」などと、もう二度と口にさせてはなりません。ミセス・ホワイトハウスをご覧なさい、そこに答えがあります」[40]。ホワイトハウスもサッチャーへの配慮を示し、NVLAのメンバーに対して、政権が経済政策に追われざるをえないことを理解せよ、首相のモラルへの関心を疑ってはならぬ、と伝えている。不満は残るにせよ、サッチャーが他の首相よりも好ましいのは自明であり、二人が袂を分かつことはなかった。

おわりに――サッチャーの敗北?

一九八一年五月三日の『サンデイ・タイムズ』に掲載されたインタヴューで、「経済学は手段……目的は心と魂を変えること」とサッチャーが明言した通り、サッチャリズムは経済成長だけでなく国民精神の刷新をも目指すプロジェクトであった[41]。刷新の必要性を際立たせたのは「許容する社会」の到来に他ならず、こうした意味で、サッチャリズムの歴史的前提を理解するためには一九七〇年代に先立つ六〇年代まで視野に収める必要がある。そして、一九六〇年代末以降にサッチャーが採用した反「許容」のスタンスは、モラリズムの広がりに同調して彼女の政治的栄達を強く後押しした。

とはいえ、モラルの領域での成果は乏しかった。サッチャー政権期に浮上した現象の多くは、彼女にとって好ましからざるものであった。責任を伴う個人の自由の拡大を提唱したにもかかわらず、実際に顕在化したのは隣人や社会への責任よりも自己利益の増進を優先する風潮であった。サッチャー政権期の資本主義を特徴づけたのは、倹約ではなくクレジットに依存する消費である。「父の教え」をどれほど力説しようとも、実際に現出したのは刻苦勉励に努める食料雑貨店が繁盛するような社会ではなく、金融取引で巨万の富を得た一握りの成功者が富を誇示する社会であった。サッチャーはこうした風潮に違和感を抱き、特に金融業界の給与の急激な上昇への怒りを口にしたという。広報官を務めたハーヴィ・トマスのことばは正鵠を射ている。「彼女は自分が創出した文化を理解できなかった……金を得たらもっと欲しくなる、などというのは、彼女には思いもよらないことだった」[42]。

「私は減税を実施し、そうすればギヴィング・ソサエティ(富裕な者が困窮する隣人を寛容に支援するような社会)が実現されると考えたのだが、それはまだ到来していない」[43]。富の増進が責任感の浸透を伴わなかったことを実質的に認めたこのことばは、サッチャーの敗北の弁かもしれない。結局のところ、「ヴィクトリア時代の価値」は国民の信条とはならず、それとは程遠い利己的な物質主義と拝金主義がはびこることとなった。伝統的モラルの再興どころか、教会へ通う者たちは減りつづけ、離婚や中絶、ティーンエイジャーの妊娠はごく当たり前のことと受けとめられるようになって、犯罪は毎年五〜七%の割合で増加した。サッチャーが意図したことと成し遂げたことの間には、根本的な不一致があったといわねばならない。

＊
＊
＊

民衆的個人主義の基盤ともいえる「許容する社会」への批判の高まりがサッチャリズムの台頭の重大な要因だった、という本稿の議論は比較的わかりやすいと思われるが、第1〜6章の場合、サッチャリズムとの関係はどのように捉えられるだろうか？　この点について簡単に述べることで、本書全体の総括に代えたい。

サッチャーが最高権力の座に上り詰める過程では、巧妙に仕掛けられた表象レヴェルの闘争が重大な意味をもった。その最たるものが「不満の冬」なるフレーズの構築である。労働党政権の「無能」をなによりも鮮烈に印象づけたのは、この表象に他ならない。そして、本書がとりあげた、誤った進歩主義に起因する「教育の荒廃」

の語りも、「女らしくない」フェミニストというレッテルも、テロリズムに結びつけられ危険視されたアイリッシュ・コミュニティのイメージも、特定の人種集団の一律排除を批判する際に焦点化された「個人の資質」という判断基準も、いずれもサッチャリズムが資源として活用しうる表象であった。これらの言説が流布する状況に対し、教員や地方教育当局の既得権益よりも子供と親の選択の自由を優先する教育改革の推進、伝統的ジェンダー規範の擁護、犯罪や暴力への厳しい対処、機会の平等と自己責任の重視、等を打ち出すことで、優位な立場を確保できたからである。また、ゲイの社会的・文化的認知に伴う萌芽的な商業主義に、あるいは、コミュニティ・アクションの中でプレゼンスを拡大していったテクノクラート志向に、サッチャリズムへの「反転」の回路を見出すこともできる。こうした意味で、本書がとりあげた民衆的個人主義の諸現象が新自由主義的に利用されえたことは否定できない。

しかし、民衆的個人主義全般があたかもサッチャリズムの条件を整え、こぞってそれに取り込まれていったかのように論じるのは適当ではない。序章が指摘する通り、民衆的個人主義は「かなり多様」なかたちで表出され、サッチャリズムが首尾よく「横領」できたのはあくまでも民衆的個人主義の「一部」、新自由主義的な個人主義に適合的な要素だけだったからである。「横領」しようにもできない要素は多かった。

さらに、民衆的個人主義は新自由主義への抵抗の拠点にもなる。特に重要なのが集合的解放の希求、共同性の中でこそ個人の自己実現が可能になるという発想であり、これは、自己利益の最大化を図るため、利己的であることを厭わず他者と競争すべしと説くサッチャリズム的な個人主義への厳しい批判を含意する。他者の自立性を尊重し他者と積極的に連帯して、相互の生を豊かにすること、ここにはサッチャリズムへの同調をきっぱりと拒否する意志がたしかに存在する。

表面的に見れば、一九七〇年代の経験はサッチャー政権の時代としての八〇年代を招来したことになるが、民衆的個人主義はさまざまな発現形態において八〇年代に流れ込み、政権の施策に抵抗した。サッチャリズムの「勝利」は決して全面的ではなく、一九七〇年代を特徴づけた民衆的個人主義と新自由主義的個人主義のせめぎあいは、八〇年代の新たな条件の下でも継続されたと捉えるべきだろう。

＊注記載のウェブサイトの最終閲覧日は、すべて二〇二四年九月一日。

（1） New Year Message | Margaret Thatcher Foundation (https://www.margaretthatcher.org/document/101709)

（2） 一九六〇年代のイギリスについては以下を参照。Lawrence Black & Hugh Pemberton, *An Affluent Society?: Britain's Post-War 'Golden Age' Revisited*, Aldershot: Ashgate, 2004; Marcus Collins, *The Beatles and Sixties Britain*, Cambridge: Cambridge UP., 2020; John Davis, *Waterloo Sunrise: London from the Sixties to Thatcher*, Princeton: Princeton UP., 2022; Mark Donnelly, *Sixties Britain: Culture, Society and Politics*, London: Routledge, 2013; Arthur Marwick, *The Sixties: Social and Cultural Transformation in Britain, France, Italy and the United States, 1958–1974*, Paperback Edn., Oxford: Oxford UP., 1999; Dominic Sandbrook, *White Heat: A History of Britain in the Swinging Sixties*, London: Abacus, 2006; 拙著『イギリス一九六〇年代――ビートルズからサッチャーへ』中公新書、二〇二一年。

（3） 「許容する社会」については、注(2)に挙げた文献に加え、以下を参照。Callum G. Brown, *The Death of Christian Britain: Understanding Secularisation, 1800–2000*, Abingdon: Routledge, 2001; Marcus Collins (ed.), *The Permissive Society and its Enemies: Sixties British Culture*, London: Rivers Oram Press, 2007; Frank Mort, *Capital Affairs: London and the Making of the Permissive Society*, New Haven & London: Yale UP., 2010; Virginia Nicholson, *How Was It For You?: Women, Sex, Love and Power in the 1960s*, London: Viking, 2019; Florence Sutcliffe-Braithwaite, *Class, Politics, and the Decline of Deference in England, 1968–2000*, Oxford: Oxford UP., 2018; Anna Marie Smith, *New Right discourse on race and sexuality: Britain, 1968–1990*, Cambridge: Cambridge UP., 1994.

（4） *Guardian*, 6 Feb. 1960.

（5） Meredith Veldman, *Margaret Thatcher: Shaping the New Conservatism*, Oxford: Oxford UP., 2016, pp. 49–50; Richard Vinen, *Thatcher's Britain: The Politics and Social Upheaval of the 1980s*, London: Simon & Schuster, 2009, p. 31.

（6） Interview for Sunday Telegraph | Margaret Thatcher Foundation (https://www.margaretthatcher.org/document/101435)

（7） ホワイトハウスについては以下を参照。Mary Whitehouse, *Cleaning Up TV: From Protest to Participation*, London: Blandford Press, 1967; Do., *A Most Dangerous Woman?: Her own personal inside story*, Tring: Lion Pub., 1982; Do., *Mightier than the Sword*, Eastborne: Kingsway Pub., 1985; Do., *Quite Contrary: An Autobiography*, London: Sidgwick & Jackson, 1993; Ben Thompson (ed.), *Ban This Filth!: Mary Whitehouse and the Battle to Keep Britain Innocent*, London: Faber and Faber, 2012; Max Caulfield, *Mary Whitehouse*, Oxford: Mowbray & Co., 1975; Michael Tracy & David Morrison, *Whitehouse*, London: Macmillan, 1979.

(8) Whitehouse, *A Most Dangerous Woman?*, pp. 14–15.

(9) *Viewer and Listener*, Autumn, 1970: I.

(10) Whitehouse, *Mightier than the Sword*, p. 20.

(11) *Ibid.*, p. 21.

(12) Whitehouse, *Cleaning Up TV*, pp. 142–144.

(13) Collins, *The Permissive Society and its Enemies*, p. 29; Thompson, *op. cit.*, p. 222.

(14) Whitehouse, *Cleaning Up TV*, pp. 166–167, 171.

(15) *Ibid.*, p. 95, 119, 160; Whitehouse, *Mightier than the Sword*, p. 27; Gavin Schaffer, "'Till Death Us Do Part' and the BBC: Radical Politics and the British Working Classes 1965–75", *Journal of Contemporary History*, vol. 45, no. 2, April 2010; Thompson, *op. cit.*, pp. 6–7, 38–59, 69–71, 88, 157–161.

(16) Tracey & Morrison, *op. cit.*, p. 3.

(17) *Ibid.*, pp. 3–19.

(18) Whitehouse, *Mightier than the Sword*, pp. 18–19.

(19) Radio Interview for BBC Radio 4 Woman's Hour ("Permissive or Civilised?") | Margaret Thatcher Foundation (https://www.margaretthatcher.org/document/101845) 〔 〕内は筆者，以下同。

(20) Interview for Daily Mirror | Margaret Thatcher Foundation (https://www.margaretthatcher.org/document/102473)

(21) Veldman, *op. cit.*, pp. 73–75.

(22) Jessica Prestidge, "'Margaret Thatcher's politics: the cultural and ideological forces of domestic femininity", PhD. thesis, Durham Univ., 2017, pp. 73–74.

(23) Speech to Scottish Conservative Party Conference ("Onwards to Victory") | Margaret Thatcher Foundation (https://www.margaretthatcher.org/document/103684)

(24) Matthew Grimley, "Thatcherism, morality and religion", in Ben Jackson & Robert Saunders (eds.), *Making Thatcher's Britain*, Cambridge: Cambridge UP., 2012, pp. 78–80; Vinen, *op. cit.*, pp. 277–279.

(25) The Right Approach (Conservative policy statement) | Margaret Thatcher Foundation (https://www.margaretthatcher.org/

document/109439)

(26) Speech at St Lawrence Jewry ("I BELIEVE - A speech on Christianity and Politics") | Margaret Thatcher Foundation (https://www.margaretthatcher.org/document/103522)

(27) TV Interview for London Weekend Television Weekend World ("Victorian Values") | Margaret Thatcher Foundation (https://www.margaretthatcher.org/document/105087); Prestidge, *op. cit.*, pp. 67–70.

(28) Speech to the Bow Group ("The Ideals of an Open Society") | Margaret Thatcher Foundation (https://www.margaretthatcher.org/document/103674); Eliza Filby, *God & Mrs Thatcher: The Battle for Britain's Soul*, London: Biteback Pub., 2015, p. xvii.

(29) Speech at St Lawrence Jewry ("I BELIEVE - A speech on Christianity and Politics") | Margaret Thatcher Foundation (https://www.margaretthatcher.org/document/103522)

(30) Prestidge, *op. cit.*, p. 70; Filby, *op. cit.*, pp. xxii–xxiii, 144–145.

(31) Speech at St Lawrence Jewry | Margaret Thatcher Foundation (https://www.margaretthatcher.org/document/104587)

(32) Prestidge, *op. cit.*, pp. 79–80; Filby, *op. cit.*, pp. xvii–xviii.

(33) Speech at Edgbaston ("our human stock is threatened") | Margaret Thatcher Foundation (https://www.margaretthatcher.org/document/101830)

(34) Whitehouse, *Most Dangerous Woman?*, p. 90.

(35) *Ibid.*, p. 150; Whitehouse, *Mightier than the Sword*, p. 100.

(36) Martin Durham, *Moral Crusades: Family and Morality in the Thatcher Years*, New York: New York UP., 1991, pp. 77–78.

(37) "And I would just like to remember some words of St. Francis of Assisi ..." | Margaret Thatcher Foundation (https://www.margaretthatcher.org/archive/StFrancis); Whitehouse, *Mightier than the Sword*, p. 43.

(38) Whitehouse, *Mightier than the Sword*, pp. 46–53, 137–138; Durham, *op. cit.*, pp. 79–88; Filby, *op. cit.*, pp. 203–204.

(39) Whitehouse, *The Most Dangerous Woman?*, pp. 217–218.

(40) Speech (and sketch) for BBC 1 Yes, Prime Minister | Margaret Thatcher Foundation (https://www.margaretthatcher.org/document/105519)

(41) Interview for Sunday Times | Margaret Thatcher Foundation (https://www.margaretthatcher.org/document/104475)

(42) Filby, *op. cit.*, pp. 335–336.

(43) *Ibid.*, pp. 347–348.

あとがき

歴史研究の対象が、とりわけ二〇世紀史を中心とする現代史へと移行しつつあるというのは、おおよそ欧米の歴史家たちにとっての共通の見解となっている。同時代史とも言える比較的近しい時期の現代史が知的な最前線を形成している。新しい知を生み出す際の集団的作業は、経験主義のイギリスが得意とするところである。産業革命における波状的な技術革新を生み出した職人集団の世界、オクスブリッジをはじめとする大学での晩餐のあとの領域横断的な研究者の会話、アビーロード・スタジオでの四人の若者たちによる夜を徹した創作活動など、その事例は枚挙にいとまがないだろう。フラットな人間関係のなかで忌憚なくアイディアを出し合いながら、創造的に知を革新していく。本書のような新規の研究課題に取り組むにあたっては、そうした知のダイナミズムを発揮できるような集団が必要であると思われた。

本書は、科学研究費「サッチャリズムの歴史的前提　民衆的アーカイヴの構築による一九七〇年代の再検討」（基盤研究B）を母胎とする研究会に起源をもっている。二〇一八年から始まった研究会は、札幌と東京を跨いで開催され、緊張感と刺激に満ち濃密かつ充実した時間を過ごすことができた。対面での研究会はコロナ禍でいくばくかの中断を余儀なくされたが、二〇二二年五月の日本西洋史学会の小シンポジウムでその成果を報告し、その後も討議を重ねながら論文集としてまとめあげた。当初は曖昧模糊としたものだった研究の方向性も、個性あふれる面々による協同作業を繰り返すうちに明確な像を結ぶようになり、ようやくここまでたどり着いたというところである。研究会の運営では、椙山女学園大学の田村理氏にご協力をいただいた。出版刊行に向けては、いつものように岩波書店の石橋聖名氏に適切な助言と励ましをいただいた。厚く御礼を申し上げたい。

残念なことに執筆者の一人である浜井祐三子氏は、本書の完成を見ることができなかった。編集の過程では、ご本人の意に反しないかたちで提出された原稿に対して必要と思われた若干の修正や加筆をおこなった。それでも残された誤りなどに関する責任は、言うまでもなく編者である私にある。

なお本書の出版に関しては、「北海道大学外部資金獲得支援事業」(二〇二四年度)からの助成金を得たことを申し添えておく。

二〇二五年一月

執筆者を代表して　長谷川貴彦

執筆者略歴

岩下　誠（いわした・あきら）
1979 年生．青山学院大学教育人間科学部教授．イギリス・アイルランド教育史．『問いからはじめる教育史』（共著，有斐閣，2020）など．

梅垣千尋（うめがき・ちひろ）
1973 年生．青山学院大学コミュニティ人間科学部教授．イギリス思想史，女性史・ジェンダー史．『女性の権利を擁護する――メアリ・ウルストンクラフトの挑戦』（白澤社，2011）など．

市橋秀夫（いちはし・ひでお）
1962 年生．埼玉大学大学院人文社会科学研究科教授．社会史．E. P. トムスン『イングランド労働者階級の形成』（共訳，青弓社，2003）など．

尹慧瑛（ゆん・へよん）
1973 年生．同志社大学グローバル地域文化学部教授．北アイルランド研究，エスニシティ論．『暴力と和解のあいだ――北アイルランド紛争を生きる人びと』（法政大学出版局，2007）など．

浜井祐三子（はまい・ゆみこ）
1970–2024．元・北海道大学メディア・コミュニケーション研究院教授．イギリス現代史，地域研究．『イギリスにおけるマイノリティの表象――「人種」・多文化主義とメディア』（三元社，2004）など．

小関　隆（こせき・たかし）
1960 年生．京都大学人文科学研究所教授．イギリス・アイルランド近現代史．『現代の起点　第一次世界大戦』（全 4 巻，共編，2014），『アイルランド革命 1913–23――第一次世界大戦と二つの国家の誕生』（2018，以上，岩波書店），『イギリス 1960 年代――ビートルズからサッチャーへ』（中公新書，2021）など．

長谷川貴彦
1963年生．北海道大学大学院文学研究院教授．近現代イギリス史，歴史理論．著書に『イギリス福祉国家の歴史的源流 ―― 近世・近代転換期の中間団体』(東京大学出版会，2014)，『現代歴史学への展望 ―― 言語論的転回を超えて』(2016)，『エゴ・ドキュメントの歴史学』(編著，2020，以上，岩波書店)など．訳書にG. ステッドマン・ジョーンズ『階級という言語 ―― イングランド労働者階級の政治社会史 1832-1982年』(刀水書房，2010)，ピーター・バーク『文化史とは何か 増補改訂版 第2版』(法政大学出版局，2019)，リン・ハント『なぜ歴史を学ぶのか』(岩波書店，2019)など．

サッチャリズム前夜の〈民衆的個人主義〉
――福祉国家と新自由主義のはざまで

2025年3月5日　第1刷発行

編　者　長谷川貴彦（はせがわたかひこ）

発行者　坂本政謙

発行所　株式会社 岩波書店
〒101-8002 東京都千代田区一ツ橋2-5-5
電話案内 03-5210-4000
https://www.iwanami.co.jp/

印刷・精興社　製本・牧製本

© Takahiko Hasegawa 2025
ISBN 978-4-00-061686-7　Printed in Japan

エゴ・ドキュメントの歴史学　長谷川貴彦編　A5判二八四頁　定価三三〇〇円

現代歴史学への展望——言語論的転回を超えて　長谷川貴彦　四六判二五四頁　定価三一九〇円

イギリス現代史　長谷川貴彦　岩波新書　定価九九〇円

アイルランド革命 一九一三—二三——第一次世界大戦と二つの国家の誕生　小関隆　四六判三七二頁　定価三五二〇円

なぜ歴史を学ぶのか　リン・ハント　長谷川貴彦訳　B6判一三六頁　定価一七六〇円

エリック・ホブズボーム（上・下）——歴史の中の人生　リチャード・J・エヴァンズ　木畑洋一監訳　A5判上三三八頁 下三九〇頁　定価各五八三〇円

岩波書店刊

定価は消費税10%込です

2025年3月現在